U0053150

哲學輕鬆讀

# 科幻世界的哲學凝視

陳瑞麟 著

三民書局

國家圖書館出版品預行編目資料

科幻世界的哲學凝視／陳瑞麟著.－－初版一刷.
－－臺北市：三民，2006
面；　公分.－－(哲學輕鬆讀)

ISBN 957-14-4614-9　(平裝)

1.哲學－論文,講詞等
2.科幻小說－評論
107　　　　　　　　　　　　　　　95016656

© 　科幻世界的哲學凝視

| 著作人 | 陳瑞麟 |
| 發行人 | 劉振強 |
| 著作財產權人 | 三民書局股份有限公司<br>臺北市復興北路386號 |
| 發行所 | 三民書局股份有限公司<br>地址／臺北市復興北路386號<br>電話／(02)25006600<br>郵撥／0009998-5 |
| 印刷所 | 三民書局股份有限公司 |
| 門市部 | 復北店／臺北市復興北路386號<br>重南店／臺北市重慶南路一段61號 |

初版一刷　2006年9月
編　　號　S 141120
基本定價　肆元陸角
行政院新聞局登記證局版臺業字第○二○○號

有著作權　不准侵害

ISBN　957-14-4614-9　（平裝）

http://www.sanmin.com.tw　三民網路書店

# 哲學人的哲學事──序言

　　第一次聽到「哲學」的名字，應該是來自國中的歷史課本。雖然我從小就喜歡求知、樂於思考（愛智？），但從未將「她」放在心上。我仍然相信自己的未來是穿著工作服的科學家或工程師，與機器為伴。「哲學」闖入我的生命中，成為我的終生愛侶，是在大學的時候。

　　南台灣的驕陽熾烈，我懷著興奮的心情抵達一所以工學院著稱的國立大學，參與新生訓練。終於擺脫長達六年的聯考桎梏，我一定要好好解放自己的思想。瞪著大眼，搜尋這個學校的社團攤位。怪怪……「西格瑪社」？好奇怪的名稱。社名就讓人摸不著頭緒，這個社團想必一定很有深度吧？社員不像其他社團的學長姊那麼熱情，但也為我解說了「西格瑪」是希臘文 Σ 的音譯，也是數學上代表「總和」的符號，象徵著要總和一切知識、思想、藝術、生活。聽起來很合我的雄心，就參加看看吧！

「西格瑪社」頗有一些莫測高深的學長，令我私底下佩服不已。他們常常舉辦思想、哲學、文學經典的讀書會，甚至閱讀當時最新出版的哲學著作。可是一來我聽力不佳、二來英文很差、三來毫無哲學基礎，參加了兩三次，越發感到茫然。很自然地淡出社團活動，回到機械工程的課業中。可是，正規課程越來越令我痛苦，我慢慢地知道工程的訓練是怎麼一回事，而我一點都不適合。我的手腳笨拙，製圖學的畫面常常幾許污跡，被一板一眼的教授數落；我愛追根究底，儀器教學只教我怎麼使用，卻不告訴我為什麼會這樣？（後來我瞭解到工程是一門經驗之學，與我青少年的想像有很大的出入。）大三之後，我又回到西格瑪社，在社辦的留言簿中寫下長長的冥思空想。寥落的社辦與孤獨的身影，成為最主要的大學生活回憶。

就我所知，臺灣至少有六七位哲學教授（包括我自己）是出身於沒有哲學系的成功大學，其中至少有四五位參加過「西格瑪社」。除此之外，還有不少社員日後成了數學教授、物理教授、「科技與社會」(STS) 教授等等。1989 年西格瑪社社員積極衝撞大學的言論管制，爭取成立象徵性的「言論廣場」和「民主牆」；1990 年參與三月學運。我有幸恭逢其盛，成為鉅變時代的參與者，也在日後形成了小小的「創造歷史」的成就感。

　　八十年代末臺灣引入許多新思潮，當時的西格瑪社員們熱衷於左派思想：西方馬克思主義、新馬克思主義、批判理論等等，是讀書會的主角。馬克思《一八四四年經濟學哲學手稿》是我們叛逆青年的「新聖經」。可是，政治氣候十分壓抑沈重，1989 年五月中國爆發天安門學運，六月四日大屠殺收場，在那種焦灼的氣息下，我步入大三暑假，同時徬徨於自己的未來。To be or not to be? 我該繼續就讀工程研究所，或者轉而投身我真正喜愛的人文社會領域？如果改行，我又要選擇哪種研究所？我作了一生中最關鍵的決定，把哲學研究所納入選項。

　　其時，我仍然不知道自己是否能讀哲學。哲學研究所應該不會只考馬克思主義吧？自己找了哲學概論和哲學史的書籍來看。這類中文著作，似乎令人倒胃口的較多。幸運的是，我找到十八世紀英國經驗主義哲學家柏克萊的《菲羅諾斯與海拉士的三個對話錄》的節錄中譯，讀完之後，給我很大震撼與挑戰，那是一種啟蒙的經驗——我終於知道自己注定要走哲學這條路，也知道哲學才是我真正的終生愛侶。我愛上哲學了。

Q 哲學對作者的意義：

　　升上高中那年暑假，我失去正常人的聽力。此後，

再也無法輕易接收外界訊息的我，生活在一個封閉孤獨的世界中；沒有可資模仿的範例，我失去了表現自我與侃侃而談的自信；在西格瑪社與莫測高深的學長往來，更讓我感到自己的淺薄與空洞。我小學時看過很多書呀！竭力搜索腹笥的結果，發表的意見卻只是陳腔濫調，連自己都無法不滿。是哲學拯救我，脫離這樣的窘境。

人生有太多太多的疑惑。有些疑惑，你可以問長輩、徵詢專家、查書、根據常識作個小推論來解除；可是，也有很多疑惑，除非你形成自我思考的能力、層層深入追問、環環相扣地提出答案，否則很難徹底解除。它們多半牽涉到哲學。「四十而不惑」談何容易？能花一輩子的時間，將疑惑降到最低程度，就可差堪告慰了。哲學幫助我一步一步緩慢地朝著這個目標前進。

哲學開啟我的視野，令我跳出文化的侷限與束縛。文化不只是美術館、劇院、書局、博物館等等機構建築，而是體現在生活周遭、人際交往、生活禮儀之間。文化固然是滋養個人心靈的土壤，但也限制了成長的高度與廣度。文化塑造了群體認同，提供心靈寄託，卻也形成意識型態和集體壓力。尤其是漢文化透過綿密的親屬與人情關係網絡、透過傳播社會訊息的媒體，日夜不休止地約束你的行為，按著集體認可的形象來雕塑你的心靈。不知不覺之間，你的行為舉止合度，言談合宜，眾人讚

賞。可是，你也許只是一個文化的傀儡。哲學讓我看到了文化的雙面性。如果你知道有許多不同時代的不同文化，曾對相似的問題有截然不同的思考，你怎能不反省自己從小到大所接受的教育、習慣、信念與價值觀呢？

哲學讓我有勇氣。想得通，瞭解前因後果，連結許多相關的信念，構成完整的思想。完整的思想支持我的決心，決心支持行為，貫徹決心與行為表現了勇氣。

哲學使我自由，也使我體認人生沒有絕對自由。

哲學給我太多太多意義……

就此時此刻而言，哲學幫助我寫一本《科幻世界的哲學凝視》。

## Ｑ 本書特別之處：

相信不需多說些什麼，你一眼就能看到本書的特別之處。它不是一本純哲學的書，也不是簡單地在介紹科幻電影和小說，它是哲學與科幻聯姻下的產物。它是我應用哲學來欣賞與閱讀科幻創作的成果。我希望透過這本書告訴你：哲學的「用處」是多麼地廣！

如果說，從科技的角度談科幻是「科技觀點」，從文學批評的角度分析科幻是「文學觀點」，討論科幻創作中的性別議題是「性別觀點」，那麼本書從一個廣義的「哲

學觀點」來閱讀科幻。它採用我所謂的「科幻的哲學解讀」方法：即哲學觀念、典故、理論與科幻構想、場景、人物與情節的雙向互涉 (inter-reference)。也就是說，一方面在科幻創作的基本構想、設定場景、人物刻畫與情節內容中讀出相關的哲學議題、觀念與理論；另方面利用科幻創作家所安排的人物性格、情節經歷與結局，來反省哲學議題的不同觀念、理論與解答。

本書沒有一個特定的哲學主題，也沒有介紹各家各派的不同思想。本書試圖揭示科幻創作中蘊涵的哲學問題，並從相關的思想中對創作內容進行解讀與詮釋。正因如此，本書不是作者隱身幕後，猶如導覽解說員般帶領讀者巡覽各種不同的哲學學派，而是自由地展現我的個人品味、思考與評價。它是我學習與思考哲學多年的心血結晶，它不是學術性的哲學論文，而是我個人綜合所思所得的一種「哲學創作」。

就哲學這一面來說，本書想為讀者介紹幾個最基本的哲學問題與一些可能的答案。可是，不像一般哲學書多半以哲學史或哲學家的範例為素材，本書使用科幻創作為素材。在當代通俗文化中，科幻往往只是提供娛樂的工具，可是，即使娛樂中也有值得深思的哲學課題。本書希望透過生活中無所不在的科幻娛樂，引領讀者深入哲學的堂奧。

　　接觸科幻比接觸哲學要容易得多。可是，如果你一直停留在感官刺激與享樂經驗中，那就辜負了科幻這種潛能極大的創作類型──不管是讀者或創作者。也許你覺得科幻確實蘊涵了許多值得深思的課題，也是表現理念的絕佳創作媒介，但你不知道從何入手。希望本書能為你提供一個起點。之後的道路，我的建議是：充實更多西方哲學與科學思想。

## Ⓠ 還有一些話要說：

　　猶記得五年前一次討論「翻譯」的學術會議中，素未謀面的葉李華教授突然問我是否願意到交通大學教授科幻課程。我感到受寵若驚。雖然我從小就喜歡科幻，也看過許多科幻小說和電影；但是我從未表現過科幻方面的思考成果。李華教授在臺灣以創作、翻譯和推廣科幻與科普而著稱，蒙他賞識，我毫不猶豫地答應下來，開始走上我個人的科幻之旅。為了準備授課教材，在許多夜晚的睡眠之前，看著李華翻譯的艾西莫夫小說，我體驗到知性與感性的雙重滿足，也充分地認識了艾西莫夫這位以科幻創作為表現工具的「未來哲學家」。

　　本書其實是我在交通大學通識中心教授「科幻與哲學」三年的成果，很感謝李華與交大通識中心給我這樣

一個機會。本書能夠出版，在相當的比重上應該歸功於他們。雖然本書主談科幻中的哲學，它當然也是「科幻研究」(Science Fiction studies) 的一本專著，但願它對臺灣新興的「科幻研究」能有些許貢獻。

陳　瑞　麟

中正大學哲學系

後記：就在本書出版前夕，我的父親因急性心肺衰竭而匆匆離世，留給我深重的哀傷與懷念。父親對於我的思想追尋，向來給予最大的支持；他也總是不吝於對我的小小成就，表現出喜悅與滿足。沒有他的童年啟蒙，我無法在接受小學國民教育之前，就培養出對知識的好奇、對現象的廣泛興趣、以及對閱讀的終生喜好。沒有他的支持，就沒有今天的我，也沒有這本書。謹以虔敬與思念的心情，將本書獻給我的父親

**陳勝四先生　在天之靈。**

# 科幻世界的哲學凝視

目次

哲學人的哲學事──序言

## 「正子人」的人性歷程

## 一髮千鈞──Gattaca 的基因新世界

# 我是誰？你是誰？——《魔鬼總動員》和《強殖入侵》的自我、記憶與人格

# 在半夢半醒之間——The Matrix 的真實之旅

# 如果「上帝」的使者是「撒旦」，而他降臨了……——《童年末日》的人類終局

## 穿越銀河的兆億心靈 ── 《基地》中的歷史哲學

## 我可以調整你的情感，讓你忠誠對我

### ——從「科學哲學」與「社會哲學」談《基地與帝國》和《第二基地》

## 窺視科幻世界

## 附錄

# 「正子人」的人性歷程

◆ 作　品: 《正子人》（*The Positronic Man*）
◆ 作　者: 艾西莫夫（Isaac Asimov）
　　　　　　席維柏格（Robert Silverberg）
◆ 譯　者: 葉李華
◆ 出版者: 天下（2000）

人是什麼？

如何定義「人」？

人性是什麼？

　　這些問題從古希臘時代以來，即是哲學家感興趣的話題。原始部族對自己族群的稱呼，往往也就是該語言中「人」的名稱，對他們而言，「人」與「非人」之辨，牽涉到「我族」與「異族」之分，並作為和平對待或暴力殺戮的標準。知道「人是什麼」和「某個東西要不要把它看成是人」，在人類社會中，似乎是至關重要的一件事……

安德魯是「美國機械人公司」出產的人形機械人，屬 NDR-113 型。在人形的金屬軀體內，有著一顆內建「機械人三大法則」的「正子腦」。它能思考計算、能執行家務，用人類語言（英語）和主人對答，甚至它「知道」自己在做什麼，也知道自己是什麼、是誰。

一開始，安德魯的擁有人——吉拉德·馬丁，安德魯稱他為「老爺」——派以家事、廚房和保姆的任務。安德魯在照顧老爺的兩位女兒——小姐和小小姐——的過程中，「感受」到對小小姐的「疼愛」，它／他為了取悅她，利用海邊浮木雕了一個精美的木墜子。老爺得知安德魯的「藝術創作」能力之後，十分驚訝！他要求安德魯從事木工藝術。從此，安德魯開始走向他「變人」的兩百年漫長「人生」。

機械人三大法則是艾西莫夫「發明」的，用來規範機械人的行為，保證他們絕不會傷害人類。第一法則是「機械人不得傷害人類，亦不得坐視人類受到傷害。」第二法則是「在不違反第一法則的條件下，機械人必須服從人類的命令。」第三法則是「在不違反第一與第二法則的條件下，機械人必須保護自己。」

# 機械╱人?!

　　早期對人的種種定義中，最有名的是亞里斯多德 (Aristotle, 384～322 BC)「人是理性的動物」的說法。亞氏認為「理性」是人所獨有的特徵，使人截然不同於其它動物。然而，「理性」又是什麼？邏輯推理與計算的能力？處理符號的能力？提供理由的能力？控制自己情緒的能力？實踐道德規則的能力（所謂「實踐理性」)？下判斷的能力？儘管許多哲學家著重在邏輯計算能力上來說明「理性」，不過，廣義的「理性」應該包含上述種種人類能力。

　　二十世紀的哲學家卡西勒 (E. Cassirer, 1874～1945) 則說「人是符號的動物」，意謂只有人才能夠創造符號、使用符號以及理解符號的意義。符號是我們用來代表另一物體的東西，以便在該物不在場時仍然可以與他人談論此物。符號具有保存、傳送與溝通訊息的功能。人類所創造的最複雜的符號系統是語言文字。某些高等動物或許有牠們自己的溝通系統，或許能在受訓練後使用某些簡單的人造符號，然而，只有人類才有使用語言文字系統的能力。

　　安德魯當然擁有理性，他會計算推理、能處理符號、

為自己的行動提供理由、他比人類更能控制情緒，應該
說，他絕對不會失控。他甚至比所有人都更能實踐道德
（由於機械人三大法則的必然性）！然而安德魯因理性而
成為人嗎？不！安德魯全身上下沒有一個地方是人，沒
有其它人會把他當人，最重要的是他也不認為自己是人。

　　在小說家的筆下，安德魯內建完整的人類語言功能。
他能聽懂口語指令，與人流利問答，毫無生澀滯礙。他
具有語言、資訊、甚至知識學習能力，他能自行閱讀、
吸收新知，也能書寫文字和簽名。哲學家用來標誌人類
獨特性的功能或質素，安德魯都具備了，而且比大多數
自然人「操作」得更好。不過，安德魯「知道」自己在
幹什麼嗎？他知道自己的「機器心靈狀態」嗎？換言之，
他有「意識」(consciousness) 嗎？

　　「意識」也是人類心靈一項非常獨特的現象，似乎
只有人類心靈才能產生。意識「浮現」在人類清醒狀態
時：我們能內省，能夠知道自己在做什麼，也能知道自
己正在知覺什麼，甚至知道自己正在「內省」、意識著自
己的「意識」。高等動物或許有心靈，但我們不確定動物
是否有意識？即使動物可能有意識，牠們也無法形成「自
我意識」。似乎只有人，才能「意識」到自己內心就是一
個和他人不同的整體、一個能意識到「自我」的獨特個
體。固然人類已經創造出精密的電腦程式，使其擁有強

大的符號計算能力，也可能擁有近乎人類的語言能力，能在程式指令下進行翻譯、與人類對話、甚至能通過圖靈測試 (Turning test)，然而即使最有力的超級電腦和最複雜的程式仍然無法產生「意識」。

毫無疑問，安德魯擁有意識。他懂得他所說的每一句話之意義，他能沉思內省。他知道自己是機械人，也知道自己的行為和思想受三大法則的支配——儘管他無法反抗，但是他清清楚楚地知道自己無法反抗。這些是小說家一開始的設定，輕易地跨越「意識」這道人和非人的鴻溝。除此之外，安德魯還擁有情感。

圖靈測試是一個用來檢驗「思考機器」（電腦）是否能擁有心靈的測試標準。讓一測試者同時和一臺內建對話程式的「電腦」與一位普通人對話。測試者在整個對話過程中，完全不能知道他的兩位對話者中，哪一位是真人、哪一位是電腦。他們的對話都由第三者居間傳遞。測試者同時向兩位對話者發問，收到回應之後，測試者再分別與兩者對談。在一段足夠長的對談時間之後，如果測試者不能辨識出兩位對話者，哪一位是真人、哪一位是電腦或程式時，我們就可以主張這臺具有對話程式的電腦擁有「心靈」。這是英國數學家圖靈（A. M. Turning, 1912～1954）所提出來的觀念，故稱為「圖靈測試」。顯然這觀念蘊涵著「語言溝通」能力乃是「心靈」的本質性判準。

要安德魯服從那個命令一點也不難。他寵愛小姐，
對小小姐則更寵愛。……安德魯認為那就是寵愛，
因為除此之外，他不知道如何形容對兩個女孩的
感覺。他的確感覺到些什麼，這本身就有點奇怪。
（頁 18～19）

沒有人要求安德魯半夜游到鷺鷥岩去，那完全是
他自己的主意。也可以說，是好奇心作祟。（頁 28）

安德魯說：「老爺，我樂在其中。」

「樂在其中?」

「我不該用這個成語嗎?」

「聽機械人說『樂在其中』有點不尋常。如此而
已。我一直不曉得，機械人也有能力體會這種感
覺。」（頁 39～40）

今天的數位電腦，除了沒有意識之外，也無法產生
情感。在我們的常識中，情感與機器是互相衝突的：如
果一個人的生活、行事和作風相當規律、毫無變化，他
的心境與情感波瀾不起，我們大概會形容他像「機器」
一般地冷淡、冷漠甚至冷酷。機器不可能有情感，有情

感的東西就不會是機器。可是，如果一個絕對理性、有
完整語言能力、具自我意識、也有情感的機械人呢？或
許，他仍然少了一些什麼……

## 自由?!

　　馬丁一家把安德魯當成家人看待，好像從前的大戶
人家禮貌有情地對待一位佣人，他們讓安德魯參與家庭
活動，使他有機會觀察人類的社會行為。安德魯的木工
藝術創作源源不絕，最初老爺理所當然地把他的創作品
視為己有，隨興所至地送人，當成社交贈禮。小小姐開
始反對：「他即使是機器，也絕不是奴隸。而且他還是個
『藝術家』，他理應獲得工作的酬勞。」這番話讓老爺錯
愕。然而，老爺畢竟是位具有開放心靈的人士，他接受
了小小姐的建議，要求其律師為安德魯在銀行開了戶頭，
於是安德魯開始擁有他自己的財產。

　　達爾文 (C. Darwin, 1809～1882) 和許多古人類學家
推測原始人與人猿有共同祖先，卻在某個時期分道揚鑣，
走向不同的演化路途。原始人為什麼能演化成人？有三
個主要的關鍵特徵：直立步行、製作石器、大腦容量擴
增。三者似乎有生物學上的因果關聯：直立步行使原始
人空出雙手，從而發展出抓握物品的能力；雙手的動作，

刺激大腦的擴張。原始人因而演化成現代智人。「製作石器」就是原始人類的第一個創造性活動——「創造力」是否也是人之所以為人的根本特質？

安德魯不僅有非比尋常的藝術創造力，還遠遠強過一般自然人類——他是個不折不扣的藝術家。老爺對他說：「你是個藝術家，安德魯。既然你是藝術家，在你的正子徑路某處，一定藏有一個靈魂。別問它打哪兒來——我不知道，製造你的人也不知道。但它確實存在，它讓你能做出那些美好的東西。」（頁70）儘管老爺斬釘截鐵地肯定安德魯有靈魂，但是，當這個靈魂向他要求擺脫法律約束，成為自由的靈魂時，老爺仍然大發脾氣、無法忍受。是的，安德魯的自我意識和求知能力，使他理所當然地萌生出「自由」(liberty) 的意識。

「自由」是什麼？哲學傳統討論「自由」有兩個不

注意，這種「演化」不是指原始人和現代智人是「同一種人」，像小孩子長成大人一般地，人類慢慢由原始階段「長成」成熟階段。演化是許多物種互相競爭，具有生存優勢的物種會生存下來。原始人其實有許多種（阿法南猿、非洲南猿、粗壯南猿、巧人、直立人、尼安德塔人等等），這些種類在不同的時代互相競爭。現代智人或許由直立人演化而來，也曾面對尼安德塔人的競爭。

同的概念和方向：一個涉及心靈選擇與決定的「自由意志」(free will)；另一個是關乎擺脫外在束縛（社會、制度或法律上）的「自由權利」(liberty right)。

安德魯是否擁有自由意志？表面上，安德魯受到機械人三大法則的約束，因此他沒有傷害人類、坐視人類受到傷害、違反人類命令和自我傷害（機械人必須保護自己）的自由。安德魯不能做這些事是因為他做不到，他沒有能力去做。一個人沒有自由做他無能力做的事，並不代表他沒有自由意志。譬如人類不能飛，不能在水中生活，不能背負三百公斤重的東西，不能讀取他人心思，因此人類沒有做這些事的自由，因為他受到生理構造的限制。儘管如此，人類仍擁有自由意志：在能力所及的範圍內，人類可以選擇和決定要不要做？要怎麼做？人類並沒有受到某種因果法則的限定 (determined)。同樣地，在與三大法則無涉的地方，譬如游到鷺鷥岩、上圖書館、穿衣服、打官司、甚至假意威嚇人類，安德魯都有做選擇與決定的自由空間——其範圍未必小於人類，因為他可以做人類能力所不及的事。但是，安德魯並沒有一般人類所擁有的、法律保障的「自由權利」——他是吉拉德・馬丁的財產。

也許人類與生俱有「自由意志」，但是，即使在能力所及的範圍內，人類仍不能隨心所欲、為所欲為。每個

人的自由空間都要受限於他人、社會、制度與法律，但是社會制度是人類的產物，它不該限縮每一個人的行為與選擇空間。如何使每個人的自由意志都能得到最大幅度的伸張？這涉及「自由權利」的建構。如果有人的行為與選擇空間受到大幅壓縮，他就喪失了某種程度的「自由權利」。

要擁有做某事的「自由權利」，第一個條件是有能力、有資格去做的事，才有自由權利可言。第二個條件是，如果有其它人具備做某事的相同能力或資格，他也具有相同的自由權利，則我的自由不能干預或妨礙他的自由和其它權利。每個人的自由權利是平等的。第三個條件是，做某事也蘊涵著在「作選擇」，那麼，一切「可行的選項」都不該受到限制，做該事才有充分的自由可言。所謂「可行的選項」是指能滿足第一和第二條件的選項。例如，如果做某事有三個可行的選項可以選擇，但是卻有外在的限制，規定你只能選擇其一或其二，那麼你就沒自由，至少你的自由是不夠充分的。第四個條件是，這些「可行的選項」有多少，必須由當事人自己來判斷，而非由外力來判斷，但是當事人對「可行選項」的判斷不能違背第一和第二項條件。

安德魯缺乏「自由權利」嗎？他具備爭取「自由權利」的條件嗎？

老爺聳了聳肩：「你做了一件傻事，他並不曉得自由是什麼。他怎麼可能知道？他只是個機械人。」

「爸爸，你一直低估他。他是個非常特別的機械人：他會讀書，還會思考書中的內容。一年又一年，他不斷學習、不斷成長。……他是一個高等生物，和……和……你我一樣高等。」（頁85）

安德魯充分瞭解自由，他也知道他受三大法則的限制，他有自由意志，在不違背三大法則的指令下，他能自由決定做許多能力所及的事。他的行為幾乎不可能干預或妨礙其它人的自由和權利。但是，安德魯仍然必須接受任何一人的命令（包括兩個企圖命令他自我拆毀的小混混。這意謂著，他沒有人類社會的法律來保障別人不得侵犯他的自由與權利），法律上他是老爺的財產。他沒有選擇不成為財產的權利，也沒有禁止別人侵犯他的保障。因此，安德魯要爭取自由，他的自由必須由他自己來判斷，而不是出於別人的決定。安德魯自己擲地有聲地說：「我的看法是，只有希望獲得自由的人——他知道有自由這麼一回事，而且全心全意去爭取——才有資格獲得自由，而我正是其中之一。」（頁109）

終於，在小小姐、喬治（小小姐的兒子）與他自己

睿見的幫助下，安德魯成為一位「自由的機械人」——
擁有法律保障「自由權利」的機械人。

　　可是不知怎麼回事，他卻覺得並未完全達成當初
的目標。（頁110）

## 人格?!

　　安德魯開始覺得「與眾不同」，他的「社會人格」
(social person) 就此萌芽。當然，最初安德魯就表現出他
那與「眾」（機械人）不同的個性，但是除了馬丁一家外，
他並未被真正連結到社會的人際網絡中（就好像我們家
中的所有家電產品，也不會在社會網絡中占有任何位置
一般）。對於馬丁一家以外的人們而言，安德魯和其它機
械人沒有什麼不同，頂多他只是「馬丁家的機械人」——
他沒有什麼足資辨識的「個性」，自然也談不上「社會人
格」。

　　對每一位自然人而言，社會連結是人生歷程中必要
的一環。在一定的年紀後，人們必須離開父母的襁褓與
呵護，進入社會，和其它成員產生互動與連繫，同時也
在一定範圍的社會網絡中，形成一定的「社會形象」或
「社會性格」——他會給人某種外表上、交往上、能力

上、職業上的獨特印象。這是人之所以為人，不同於其它動物或物品的特質。或許我的手機與你的手機廠牌、外表和功能不同，但是對其它人來說，我的手機和你的手機並沒有什麼差異。至於我和你，是不同的人，有截然不同的個性與形象，這些差異對於我們的朋友、長官、人際網絡、甚至整個社會而言，攸關重大。

社會人格的建立需要一個「社會化」(socialized) 的過程。當安德魯獲得「自由權利」的法律保障時，就不可避免地被納入社會網絡的連結中，他也不可避免地要接受社會化的洗禮。他得為自己尋求一個社會人格的外在象徵——他想穿衣服，而且終於穿上衣服。這是人類社交禮儀中不可或缺的一部分，也是建立「個性」的一環。在主觀上，衣著的選擇塑造品味，品味表現個性；在客觀上，衣著是一個人 (a person!) 給予他人的第一印象，使他人能猜測其「身分」。

> 無論如何，安德魯現在穿衣服穿定了。對他而言，這似乎是個重要象徵，象徵著法定自由機械人的新身分。（頁 130）

衣著只是社會化的一小部分。安德魯得開始學習面對其它人的異樣眼光，包括懷疑、迴避、嘲弄、拒絕、

譏刺、爭辯（對一位內建第二法則的機械人而言，與人爭辯確實是非比尋常的）。正如每個人在成長過程中，都自社會中得到這類人際互動的挫折。然而，這也意味著「自我」的充實。正由於這些互動、與隨之而來的挫折與傷害，使「我」體認到他人、社會與環境的存在，使人、我的區隔益形鞏固。這也意味著「自我」不再只是空洞的意識，而是滿載著情感與經歷。人際互動的挫折與傷害，很多是透過對話中的微妙意義而傳遞的。

　　喬治哈哈大笑。「安德魯，你真是個咬文嚼字的破銅爛鐵！」

　　「破銅爛鐵？」

　　「這你就別追究了。……」（頁132）

……

人際間輕度的傷害與挫折（通常是無心的）幫助一個人成長，幫助他體認到「他人」的存在、與環境的侷限。這對建立一個成熟的人格而言是必要的。可是，一個真正成熟的人格不能停留在這類傷害與挫折中，無法走出傷害與挫折的陰影，會造成人格上的創傷，甚至引發精神疾病。

「仍然活著?」喬治幫他接下去,「是啊,是啊,
有他在真好。我必須承認,我至少和你一樣想念
那個老怪物。」

「怪物?」

「只是打個比方。」

「啊,對,只是打個比方。」

喬治離去後,安德魯在腦中重播這段對話,鑽研
各個隱晦之處,試圖釐清自己為何從頭到尾心神
不寧。最後安德魯認定,問題出在於喬治使用的
成語和俚語。(頁133)

　　安德魯決心上圖書館汲取最新的語言新知,好跟得
上人類日常口語的變化。研究語言,就等於研究人類文
化。安德魯開始走向「求知之路」,甚至更進一步的「創
造知識」之路:他想寫一本「機械人的發展史」。
　　在鑽研機械人歷史的努力中,安德魯也同時瞭解了
人類這種生物。少數人類是機械人的創造者,大多數人
類則是機械人的使用者與互動對象,透過瞭解機械人同
類來瞭解其互動對象,安德魯變成一個不折不扣的「認
知主體」(cognitive subject)。在安德魯看來:「問題出在

人類本身並非永遠講求邏輯，偶爾還是完全不合邏輯的動物，偏偏機械人不擅於應付人類思想中的拐彎抹角。」（頁 166）因此，要驅使人類幫助自己達成某些目的，最好的手段是迎合人類的那種拐彎抹角的性格。

保羅咯咯笑了起來。「啊，安德魯，安德魯！你不能說謊，但你能慫恿我替你說謊，對不對？你愈來愈接近人類了！」（頁 177）

正如同人類透過研究自然（其它事物與生物），使人類凌駕於自然之上，並獲得操縱甚至主宰自然的能力（權力）；安德魯的研究，使他得以與人類並駕齊驅，甚至駸

智能機械人安德魯得出這個結論，似乎是個關於人性（人類的一般性格）的結論。它是否和哲學家亞里斯多德的定義「人是理性的動物」相矛盾？或許很多人會覺得安德魯的觀察比哲學家更接近真理。不過，我們要為哲學家說幾句話。亞里斯多德所謂「人是理性的動物」是指人具有「理性」（邏輯是理性的一種表現）的能力，但並不表示每個人在每件事、每個時刻上都展現了充分的理性。因此，人天生具有邏輯思考的能力，但並不意味人總是能符合邏輯。大多數人在日常生活的大部分時間裏，都表現出不合邏輯的思想與行為，也不代表人因此就不是理性（邏輯性）的動物。

驟然地有能力支配某些人類，最後遠遠地超越人類。

超越人類的關鍵卻在於研究他自己!

> 「瞭解自己是瞭解整個宇宙的第一步，」安德魯說:
> 「這是我此時的信仰。……現在我擁有一個接近
> 人類的軀體，我才剛剛開始認識這個自己。……」
> （頁197）

安德魯已經將自己的軀體升級成「仿製人」，現在他的身體看起來和一般人類無異。不知詳情的人，再也看不出他是個機器人。要瞭解自己，他就得研究自己的新軀體──其實也就是自然人類身體的生物功能與機制。在徹底理解他自己與人類身體的運作原理、包括有機體與無機體的介面之後，安德魯發明了至今最精良的人造器官──人工心臟、人工肺臟、人工腎臟等等。一方面，安德魯把自己發明的人工器官一一換裝到自己的軀體內，一步一步把自己改造成「自然人」，擁有進食、消化、吸收、排泄等人體生理功能。另方面，人造器官大量生產上市，延長了人類壽命，造福幾百萬老人，使他們免於老化所帶來的身心折磨。安德魯成了全人類敬慕的「大恩人」、世界級的「偉人」。

然而，在他出廠滿一百五十年的日子裏，事業夥伴、

升級執行人兼好友的瑪格德斯古的話刺痛了他:「他為醫學帶來如此深遠的革命，他今天堂堂邁入在世上的第一百五十個年頭——各位朋友，他就是安德魯‧馬丁，一百五十歲的機械人!」（頁 245）——但是，安德魯一點也不想當一百五十歲的機械人。

「變人」的最後一關卡是「死亡」。在一百多年前，安德魯首次經歷死亡——老爺吉拉德‧馬丁的死亡；緊接著，對他的生命意義重大的人士——馬丁家族，也是他的家人——小小姐、喬治、保羅，一代一代地凋零。安德魯似乎很難理解死亡。直到保羅晚年，他仍然質問:

> 「可是我不瞭解。面對……面對形神俱滅的結局，你們怎能如此冷靜? 你們為了學習、成長和成就所付出的一切努力，就這樣劃下句點?」

> 「假使我現在才二十歲，甚至是四十歲，我想我都不會甘心，可是我沒有那麼年輕了。大自然有一條規律，安德魯——我猜這是好的規律——就是等你達到某個年齡後，對於難逃一死通常都不會很在乎了。你不再真正學習、成長或有任何成就；無論是好是壞，你已經過了這一生，對這個世界和對自己都有了交代。如今你的時間用完了，

你的身體知道，而且欣然接受。我們有時會非常
疲倦，安德魯。你不知道那是什麼意思，並不真
正知道，對嗎？對，對，我看得出來你不知道，
那超出你的能力範圍。……」（頁 203）

　　並不是「死亡」定義了人性。而是，人類在面對死
亡的態度、感受與經驗，才是定義人性的一個要素。坦
然、平和、沉靜地接受自己的死亡，乃是智慧 (wisdom)
的象徵。面對死亡的智慧，是人性所創造的最深沉也是
最珍貴的事物之一。這個智慧並不是天生具有、也不是
憑空滋生，它是經歷了一輩子的不完美、不健全、不精
確，體認許多生活的痛苦與親人的死亡，才得以萌芽。
安德魯沒有死亡（至少他不知自己何時會死亡），因此他
也無法體驗死亡、經歷死亡，就缺乏人性全幅中，既根
本又重要的一部分。最後他領悟了這個道理，安排了自
己的死亡。

## 人性?!

　　探討人性、瞭解人性，是《正子人》一書的主題。然而，人性並不能只透過抽象地定義「人是什麼」來掌握，也不是光尋求區別人與動物的特質——當然，這是瞭解人性的起點。隨之而來的課題是，揭示人性的全幅內容與其獨特的發展軌跡和歷程。《正子人》正是這樣一本探討人性的傑出小說，它透過機械人安德魯的「正子心智的學習與成長過程」來發掘人性全幅，也藉由他的「變人」歷程，來展示「現代人的人性歷史」與「人類逐步爭取應有權利的歷史」。

　　理性、符號的理解力、自我意識、自由意志、情感、美感品味等等，都是人類的心靈能力，也是定義人性的基本特徵。這些能力彼此相關，共同塑造了人性全幅。沒有哪一個能獨自定義人性，也沒有哪一個能填滿人性要求；但是，缺乏其中任一，「人性」也無法周全。我們可以說，這些基本能力，為人類帶來了遠遠超乎動物之上的高層次能力與活動：學習、語文、藝術創作、知識創造、社會互動。「人性」不再只是靜態、抽象的特質，而是動態的學習與發展，形成一個波瀾壯闊的「人性歷史」(human history)!

　　從遠古至今的歷史，無非是一場「人性發展史」。「人」這種生物，如何直立站起，如何獲得改造物質環境的技術能力，繼而刺激大腦（心靈）發展，在東風俱足之下，從非洲舞臺躍登為地球之主？在緩慢的歷史長河中，人性首先建構了社會（集體生活）、道德、文明與文化，人性開始書寫自己的歷史，認知自己也探索自然、創造科學。然而，這並不是人性發展的極限，約莫四百年前，人性如同安德魯般主導了自己的「革命性的升級」——亦即「現代人性」的塑造。為了使充滿潛能的人性有更大的發展空間，少數傑出的心靈開始體認到人性的外在束縛必須被解放，社會必須承認並保障每個人的天賦權利：財產權、自由權、免於傷害權、平等權等等。約莫同時，它發展出更可怖的知識力量，開始有能力主宰自然、創造動力機器、最終創造出具有局部理性的機器（電腦）。人性的發展潛力讓「安德魯」的實現與創造變得更有可能，雖然我們不知道何時會真正實現？但可確定的一件事是：它讓小說家有了靈感寫出《正子人》。

《正子人》是一部長篇小說，由艾西莫夫的中篇小說《兩百歲人》(*The Bicentennial Man*) 擴充而來。艾西莫夫晚年健康狀況不佳，在出版社建議下和另一位知名科幻作家席維伯格合作，完成了長篇的《正子人》。好萊塢在 1999 年將此故事改編成電影，由知名演員羅賓·威廉斯主演，中譯片名為《變人》(即正子人變成真人的歷程)。

可是，電影著重於娛樂效果，完全無法看出「正子人」變人的深刻內涵。

# 一髮千鈞

## ——Gattaca 的基因新世界

◆ 電　影:《千鈞一髮》(Gattaca)

◆ 導　演: 尼可 (Andrew Niccol)

◆ 發　行: 哥倫比亞

你要查看上帝的作為，

因為上帝使之為曲的，

　　誰能變直呢？

《舊約聖經·傳道書》第七章第 13 節

## 人定勝天?

《千鈞一髮》(Gattaca) 在告訴我們「人定勝天」的道理嗎?「天」是什麼? 如果「天」指的是自然的話,那麼「自然生產」的文生,最後勝過了「人為改良」的安東 (甚至包括傑隆・莫洛 (Jerome Morrow) ── 尤金 (Eugene)),因此應該是「自然勝過人為」才對,不是嗎? 正如同片頭引言:「上帝使之為曲的,誰能變直呢?」自然把人類塑造成什麼樣子,為什麼要刻意去改變呢?

## 基因新世界

傑隆・莫洛是「格德佳」(Gattaca) 宇航公司的首席宇航員,他擁有優人一等的基因,體能和智力上的表現也使他在格德佳公司平步青雲,即將執行一個為期一年的探測土衛十四的宇航任務。然而,真相是: 傑隆並不是真正的傑隆,而是文生・費里曼。

文生是一位自然生產的瑕疵人。他的父母在一次性愛後,體內受精懷孕生下了他。他的基因當然沒有任何修改的痕跡。好壞基因通通保留在文生細胞的染色體內。生下來的第一天,基因檢測就宣判了他的命運: 注意力

不集中的機率 89%、心臟病的機率 99%，預期壽命只有三十歲。二年後，他的父母想再要一個小孩，而且決定不再冒險，他們採用體外受精和優生策略，由醫生剔除精卵接合子中的不良基因。文生的弟弟安東來到人世了。也是文生飽受歧視命運的開端。

文生的弟弟不愧為經過「基因改造」的優良人種，在發育、體能、智力各方面，樣樣都強過文生一大截。文生從小嚮往太空，父母擔憂他不切實際。父親冷酷地對他說：想進入太空船內部的唯一機會是當清潔工。文生不想向天生的命運低頭。但不管他再怎樣努力，基因檢測就是一切。「身世清白」這個詞，現在意指在優生學理念下通過基因改良的優越人種。文生是自然生產的瑕疵人，注定他將遭到「基因歧視」。職場上的基因歧視乃是違法之舉，然而根本沒人鳥法律。

文生在各處流浪當清潔工，終於來到「格德佳」宇航公司。對太空的嚮往使他孤注一擲，找上「基因掮客」。基因與命運無關，菁英分子也會栽跟頭。掮客提供給他優等身分，但是文生的外觀仍必須經過一番改造，之後文生就是傑出的傑隆・莫洛了。傑隆的基因高人一等，表現在他超凡的體能智力上，卻因意外而半身不遂。他把身分賣給文生的條件是：文生必須負責維持他的生活習慣，傑隆則負責提供他那高人一等的基因檢測樣本

——尿液和血液。兩人就此展開一段「同居生涯」。在傑隆基因身分的護航之下，文生輕易地就成為「格德佳」的宇航員。從此文生必須每天盡可能地除去全身的皮屑毛髮，並刻意把傑隆的毛髮皮屑灑在工作環境中。

## 基因・基因

　　《千鈞一髮》這部電影，向我們昭告了一個極可能的未來——基因新世界。「基因檢定身分」、「基因組成決定未來命運」似乎觸手可及，萬一這樣的世界來到，我們該怎麼面對？人類社會是否可能變成《千鈞一髮》的「基因新世界」呢？

　　本片處處充滿「基因」(gene) 的暗喻和象徵。原文片名 "Gattaca" 乃是片中宇航公司的名稱（格德佳），細觀此名，我們可以發現它由四個英文字母組成，即 G（鳥糞嘌呤）、A（腺嘌呤）、T（胸腺嘧啶）、C（胞嘧啶），剛好是 DNA 分子的四種鹽基的代號。其次，文生和傑隆所居住的房子，由螺旋梯通到地下室，強烈地顯現出 DNA 的螺旋形象。文生在螺旋梯上上下下的鏡頭，正暗喻他的人生必須要依附在 DNA 分子之上。「基因盜用者」的英文是 "degenerate"，本來的意思是「墮落者」，此處利用 de-gene-rate 的拆字巧妙地引申出：去除 (de)

－基因 (gene) －等級 (rate) 的人。傑隆·莫洛要文生稱他為「尤金」(Eugene)——優生，這雖是一個尋常的人名，但是它也暗喻著「優生學」(eugenics)，「尤金」就是優生學理念的最佳代表——然而身體和智力的優生，並不代表精神和意志上的優越與強韌。尤金人生的失敗，正是失敗在他的「優生」之上。他所背負的完美壓力，成為他生命中不能承受之重。

《千鈞一髮》的中文片名也頗為傳神。身上一根細微的毛髮，可以決定一個人的生死命運，豈不是發揮了「千鈞」般的重量？

## 我們應該改造下一代的基因嗎？

隨著生物科技的成熟、基因工程的擴張、各種生物基因圖譜的解碼，人類似乎開始擁有「創造生命」的能力，透過修改基因的技術，「創造」出新的生物品種。(基因改造的食品 (GMO) 早已充斥在我們的食品市場上了。)或許不久的未來，我們也有能力修改人類下一代的基因，創造出優生的人種。然而，我們是否應該從事這種「改造人性 (human nature)」的大工程？

一旦我們問及「應不應該」做某件事時，就進入了「倫理學」(ethics) 或「道德哲學」(moral philosophy) 的

領域中。倫理學主要在問：我們應不應該做一件事？做某件事是對的或錯的？什麼樣的道德原則支持我們做一件事？一旦我們陷入一種困境，在直覺上做某事是錯的、不做也是錯的的時候，我們又要如何抉擇？在詢問這些問題時，一個關鍵就是先認清，在一定的處境下，我們打算做的事或採取的行為究竟是什麼？就此而言，在《千鈞一髮》中牽涉到的是「修改下一代基因」這個行為。

　　「究竟該不該去修改下一代的基因，以滿足優生的憧憬？」《千鈞一髮》當然沒有告訴我們明確的答案。然而它提供了一幅想像的「基因新世界」，向我們警告修改基因可能會帶來什麼樣的結果——極可能是一個「基因歧視」的世界。在這樣的世界中，那些自然生產的人們，在出生之後，就註定過著一個飽受歧視的人生。為什麼？因為基因修改只能修改人類的體能、智力、壽命、患病因子，卻無法同時改善人的「道德性」。負面的人性——自私、自大、好強、歧視弱者、優越感、缺乏同情——反而可能隨著「優生」而變本加厲。文生的弟弟安東，就是個鮮明的象徵。

## 文生 vs 安東

　　文生和安東雖是同胞手足，卻流著截然不同的血液。

安東的基因經過改造，體能、智力樣樣強過文生一大截，也在無形中得到父母的加倍寵愛。雖然他們也相當照顧文生，然而文生天生的弱勢與安東天生的優勢卻很難使父母毫無偏私。安東在父母的寵愛之下，性格好強、缺少同情。文生從小就學會利用激烈的手段，來挽回身為哥哥的顏面。結果卻依然如故。

造化弄人。文生順利以傑隆高人一等的基因身分，在格德佳平步青雲，眼看著就要實現童年夢想，航向土衛十四。格德佳卻發生命案。督導被人暴力謀殺，大批警探湧入現場，搜尋一切可能的毛髮、唾沫、皮屑。在基因科技的強大威力下，犯人無所遁形。偵辦此件命案的警方負責人，正是安東！百密一疏，儘管文生每天努力地擦拭全身，他的眼睫毛仍成了漏網之魚，以致他的文生身分——瑕疵人——被追蹤到了。在各方線索的拼湊下，安東很快地知道他的哥哥仍在人間，他卻隱瞞文生的身世——因為他害怕別人知道他有一位瑕疵人的哥哥。就在他追蹤到傑隆的身分時，命案破了。真兇竟然是總監——一位基因資料裏沒有暴力傾向的老人。(這是一個強烈的諷刺：改造基因真能改造人性嗎?)

安東在獲知真相後，反而「若有所失」。他曾經在一次與文生的游泳比賽中輸給文生，而且被文生從大海中救回——這次比賽也改變了文生的命運，它使文生相信：

一切都是可能的。安東對此事耿耿於懷。在他的心靈深處，他是絕不會輸的，他想扳回一城。表面上，他宣稱文生犯了「詐欺罪」，但是表明願意幫助文生；私心中，他不願看到文生成功。文生看透了安東的「基因」，他激動地質問安東：「看到我的失敗是你唯一的樂趣嗎?」——這也是對整個優生世界的血淚控訴。安東仍不願意承認自己曾輸給文生，他要再次證明他的優越。然而，優越的基因似乎被堅強的意志打敗了。

　　「你是怎麼辦到的? 這怎麼可能?」在漆黑如墨的大海中，安東惶恐地問。

　　「拼了老命，我也絕不放棄。」

## 基因改造和優生學的道德性

　　改造下一代的基因，乃是出於「優生學」的觀念。但是「優生學」的世界是我們應該追求的嗎? 我們該如何對優生行為作道德哲學的評價呢?

　　在評價一項觀念或行為時，我們有幾項切入點：動機（出發點）、觀念或行為本身、預期的後果——這三者也是我們評價一項行為「對錯」或「好壞」的基本項目。

一個理念與實現該理念的行為，如果其「動機」是良善的，行為本身是對的、正確的，實行後也能產生好的結果，那麼這項行為就是「應該」去做的合乎道德的行為。「優生學」的動機是什麼？這樣的動機是對的嗎？執行「優生」的行為本身——科技改造下一代的基因組成——是對還是錯？執行「優生」之後的結果是好或壞？

　　支持「優生學」的人，或許會論證：優生學的動機，消極目標上希望我們的下一代都能有一個不受自然缺陷困擾的人生，積極目標則指向後代在體能、智能和行為的優秀與「進化」——這個動機是良善的。其次，從科技的觀點來看，基因改造下一代的行為本身，可以開放給人們自由追求，並沒有對錯可言。最後，優生的理念如果能夠完全落實的話，人類的下一代將會更健康、更聰明、更沒有犯罪的本能、更能應付未來，因此更能為人類社會帶來進步與繁榮。同時，支持優生學的人，大抵是對科技抱持樂觀態度的人，他們相信科技的力量足以克服一切難題；他們期待科技能造福人群，這在道德原則上是一種「效益主義」(utilitarianism) 的思維。所謂的「效益主義」是指一條倫理原則：帶來最大多數人的最大善（或整個社會的最大善）的行為是對的。

　　深具宗教與人文情懷的人士可能會對「修改基因」一事有強烈的反感，把修改基因視為科學家「侵犯上帝

權柄」、「妄圖宰制自然」的罪行，在動機上也顯現出人類中心主義的傲慢。可是，抱持這種觀點的人士，他們心目中的自然似乎是個未受科技力量污染的自然，只能存在於歷史懷舊上，現實卻是：人類再也不可能回到過去。打從人類演化出製作石器的能力開始，就走向「改造自然」的不歸路。（在庫柏力克 (S. Kubrick, 1928～1999) 執導的《2001 太空漫遊》電影中，猿人高高舉起骨頭，就是一個宣告「科技崛起」的強烈的象徵。）是自然演化出人類改造自然自己的能力，最終甚至有可能改造「人的自然（人性）」(human nature)。但是，即使人類一直在改造自然，即使人類甚至有能力改造人性，我們就可以或應該根據自己的意願或欲望來改造自然和人性嗎？改造自然和人性需要「科技」這個工具，但是我們能對科技始終抱持樂觀的心態嗎？

對科技的樂觀心態與效益主義思維往往緊密結合。因為科技歷史總是一再一再地向我們展示其近乎無所不能的力量——只要給它足夠的時間與資源。因此，科技樂觀者總是期待完美科技，以便幫助我們創造全體人類生生世世的幸福——這是典型的「效益主義」思維。問題是，在獲得這最大善的過程中，目標真的能毫無代價地被達成嗎？會不會有少數人、甚至多數人的權益被犧牲掉？最大善是否只是圖利於少數有權勢者？被犧牲者

為什麼就該被犧牲掉?效益主義是否能回答這樣的質疑?
效益主義本身是否總是能站得住腳?

　　因此,優生學的反對者可以質問: 在優生學所謂的
良善動機與目標實現之前,究竟有多少人會付出多少代
價? 更進一步地問: 修改基因的科技真能完全實現優生
學的目的嗎?

　　每個行為是否在執行後,能完全達到其預想的目的?
在實現其目的之前,相關的人們又需要付出多大的代價?
這些也都是判斷應不應該採取某一行為時所要考慮的因
素。如果自然在本質上是「不可能完全掌控的」、「混沌
複雜的」,有小小偏差就有可能產生巨大的偏離結果。那
麼, 修改基因就有可能帶來不可預測的瑕疵,在日後才
暴露出來。雖說科技本身的錯誤可以被矯正,但是被修
改者的人生卻無法重來。果真如此,被修改者的人生豈
非成了一場「科技的悲劇」? 再者,沒有一項科技是完美
的, 也沒有一項科技在成功之前是完全沒有失敗的。物
質科技的失敗損害, 或許可以用它成功後的巨大效益來
彌補。但是,生物科技的失敗, 可以用成功後的效益來
彌補嗎? 生物科技專家在發展一個完善的「修改基因科
技」之前, 會先經歷多少次的失敗? 每一次失敗,是否
意味著生命的消失? 這些生命的消失,是否可以由日後
的成功來彌補? 生命可以這樣子來量化計算的嗎?

　　行為偏離預期目標的可能性，以及行為達成目標所可能付出的代價，都是執行這項行為的「風險」。如果一項行為的結果效益大、風險小，這項行為當然值得去做；反之，則不值得去做。問題在於，如果一項行為的預期效益大、風險也大，該不該做它？

　　即使我們可以克服人類基因科技的風險，我們仍會面對：修改基因的結果，是否真能實現科技樂觀者的原初目的：使人類社會更進步、更美好？《千鈞一髮》對我們警示一個完全相反的結果：一個「基因歧視」的世界。在這樣的世界中，人們因基因修改而被區隔成兩個階級，正如過去的出生門第區分了「貴族」和「平民」。基因階級的社會強烈地歧視自然生產族群，嚴重侵犯他們的人權。雖然可以立法禁止基因歧視，然而正如影片的警告，法律總有不及的地帶，人們總是可以遊走法律邊緣。今天的社會「歧視」與「區隔」非我族類的心態仍然頑強地盤據在許多人心中（種族歧視、性別歧視、職業歧視、文化歧視等等），在這樣的社會條件下，貿然地從事修改基因的科技優生行為，很有可能只是讓這個充滿歧視的社會，再添加一項新的階級罪惡。

　　我們的討論顯示，修改基因的優生科技理念和行為，其動機和目的的實現、行為本身的成功以及行為的可能結果，都存在著巨大的風險；然而，現實上，基因科技

一髮千鈞
——Gattaca 的基因新世界

又如潘朵拉的盒子般，一旦被打開就不可能再關上，人類基因改造只怕是早晚的事實。在這種情況下，留給我們的課題是，究竟哪種基因修改是可以容許的？我們可以修改基因到什麼程度？如何避開新科技的巨大風險？以及如何預想一個如《千鈞一髮》般的基因新世界，然後努力避免它的出現？

## 柔性的社會控制

科技的進展，也可能對人權的保護形成重大的挑戰。這並不是遙遠的未來式，而是實現之中的進行式。《千鈞一髮》探討了這樣的問題。生物科技加上資訊科技，首先使得我們的隱私權岌岌可危。只要一根毛髮，一個人全部的基因資訊（包括家世、智力、體能、遺傳性格、染病因子……）通通無所遁形。這是否是對隱私權的嚴重侵害？我們是否該在走向這樣的科技應用之前，先妥善思考如何調和科技的發展與人權的保障？

愛琳——格德佳的美女職員，也是宇航員之一，但是她的基因有「先天性心疾的可能性」——她與文生之間萌發了曖昧的情愫。在一次機會中，愛琳從文生的座位中「偷得」一根毛髮，這根毛髮其實是傑隆的。（文生刻意留下以防他人或公司的身分窺探，沒想到被愛琳撿

去，反而成就了兩人的愛情。）愛琳在那樣的社會環境下成長，免不了「基因身世、門第」的偏見。只有在窺探並徹底掌握文生的「身世隱私」之後，她才敢付出真情。後來愛琳知道真相之後，一時之間倉惶失措，然而她終於被文生的勇氣、意志所折服，不再計較文生是位自然生產的瑕疵人。修改基因、執行優生政策，是否也會在愛情領域中，造成身世、門第觀念的重現？

　　科技助長了「柔性社會控制」的可能性。國家或政府不再需要訴諸暴力手段來迫使國民服從其不合理甚至不合法的法令。在科技的幫助之下，國家現在可以使用更細膩、更難以察覺的「理性」控制手段——例如以「便利」或「安全」或其它理由為藉口，而執行一連串的程序、規定、步驟——卻不會造成國民身體上的不適或心理上的反感，還能促使國民自動服從，但卻失去了思考、自主與自由。《千鈞一髮》世界中的基因檢測之控制是一個例子，《關鍵報告》中的「預知犯罪」又是另一個想像的例子。（尚未犯罪，預先阻止，卻將犯罪未遂的嫌犯當罪犯而加以監禁——冰凍在試管中——嫌犯連「意識」的自由都失去了。）

## 意志可以實現一切?

「萬事萬物皆有可能。」是嗎?

　　如果我們從「人定勝天」的角度來解讀《千鈞一髮》,它就會變成是部平凡的「勵志片」,鼓勵我們堅定志向、站穩腳跟,朝著目標努力奮鬥前進。只要意志堅定,可以戰勝一切困難,克服一切險阻,終而成功地實現理想,美夢成真。本片因而又成為好萊塢典型的「英雄勵志片」。這樣的解讀未免落入窠臼。沒錯,本片仍然具有典型的「英雄勵志」元素,但這並非全部。它嚴肅地探討不遠的未來,人類極可能會面對的道德與社會課題——「修改基因的優生學」。除此之外,我們也可以追問「自由 vs 決定論」的「形上學爭議」(metaphysical issue),在本片中表現為「人性的自由 vs 基因(生物)的限定性」:人類的行為是否由「基因」所限定、決定了?還是人性中始終保有某種意志的自由?

　　人的生物稟賦對人的行為或行為傾向影響有多深?我們的哪些行為傾向是出於基因的控制?控制到什麼程度?或者,我們的所有行為,基本上仍然是出於自由意

志的抉擇？個人的特定行為傾向是否來自文化的塑造？
我之所以愛 A 女而不愛 B 女真是出於自由意志嗎？或者
只是出於某種難以言喻的生物本能？即使生物本能對我
們的行為和行為傾向有根深蒂固的影響，但是人類的選
擇能力與總是要做選擇的事實，至少就表現出自由意志
的真實性。如果自由意志是人性的真實成分，就意味著
生物基因無法完全決定或限定人類的行為傾向，因此透
過修改基因來改變人類行為，可能會淪為一場科技大夢。

　　然而，即使我們擁有自由意志，也不代表意志可以
實現一切。生物本能、生活環境、成長教育、自由抉擇
以各種不等的比重塑造著我們的人格與人生。瞭解自己、
認識他人和環境的限制（包括生物性限制），仍是人生中
最重要的課題之一。

我是誰？你是誰？
——《魔鬼總動員》和《強殖入侵》
的自我、記憶與人格

◆ 電　影:《魔鬼總動員》（Total Recall）
◆ 導　演: 保羅・范赫文（Paul Verhoeven）
◆ 發　行: 哥倫比亞（Columbia）


◆ 電　影:《強殖入侵》（Impostor）
◆ 導　演: 蓋瑞・佛列德（Gary Fleder）
◆ 發　行: 年代

如果我不是我，那我是誰？

　　道格・魁德 (Douglas Quaid) 是個建築工人，有一位美麗的妻子羅莉 (Lori)、幸福的家庭生活。但他幾乎每天做關於火星的惡夢，在半夜驚醒。毫沒來由地，他嚮往火星，深深覺得自己不該只是個卑微的建築工人。

　　人類已殖民火星，生產最重要的經濟資源 T 礦。火星自治聯邦最高行政首長柯海根 (Vilos Cohaagen) 是位獨裁者，他販賣空氣，剝削勞工。當地不滿分子組成反抗軍，在名喚「寡頭」(Kuato) 的神秘人物之領導下，試圖推翻柯海根的統治。道格卻夢想搬到火星居住，羅莉極力勸阻他。

　　在上班途中的捷運車上，瑞可公司 (Recall Corporation) 的廣告引起道格的注意。瑞可是一家（假）記憶販售公司，它利用腦神經生化電子技術，在人腦內輸入一組虛擬記憶，讓人們得以低廉的價格，不必出遠門、忍受舟車（太空航行）勞頓之苦，就能擁有一個美麗動人、驚險刺激的逼真旅行。

　　　如果過去的真實 (reality)，依賴於我們的記憶；如果記憶可加以虛構並輸入大腦，那麼，我們該如何辨識過去的真實歷史？

　　道格深受吸引，他對同事哈利談起瑞可公司，哈利

勸阻他：那是危險的產品，會把腦子搞壞了。道格仍然決心一試，瑞可公司的老闆鼓動簧舌引誘道格一試，不只賣他兩個星期的記憶，還加油添醋，讓道格嘗試「自我旅行」——他將在「旅行」中搖身一變，成為火星秘密情報員，被黑白兩道追殺，並結識一名運動員型的褐髮女子，冒險犯難，終於殺光壞人，拯救星球。

豈料在進入催眠狀態，尚未輸入假記憶之前，道格的深層記憶即被喚醒，狂性大發，瑞可公司被迫放棄這名顧客，將他到瑞可公司的記憶洗去，丟到一輛計程車上。回程中，他的同事哈利帶領三位手下要殺掉他，道格奮力反抗，反而殺光對手，雙手沾滿鮮血。他迅速回家，要妻子羅莉一起逃亡。豈料，羅莉也要殺他！制伏羅莉後，道格大惑不解，羅莉告訴他：他們不是夫妻，八年婚姻和生活都是假的，只是輸入的記憶。她受命成為他的妻子，目的在於就近監視他。

一大群爪牙追來了，道格開始逃亡。一路上有昔日火星情報局的同事協助他，留給他一只金屬箱子，裏面有大把鈔票、工具和一臺預錄的放影機。畫面令道格震驚：那是他自己！影帶中的自己自稱「豪瑟」，替火星獨裁者柯海根做事，但因遇到一名女人，讓他痛悟前非，決心反抗柯海根。沒想到柯海根先下手為強，壓住他的記憶，因為他的腦袋中藏有能夠整倒柯海根的大秘密！

豪瑟要道格聽從事先的安排，到火星去尋求協助，喚醒記憶！

　　道格走入火星的色情專區——維納斯城，在終極樂園酒吧中找到了梅琳娜（Melina）——讓他痛悟前非的女子，與他的夢中人一模一樣。道格對梅琳娜訴說他的遭遇，並要求梅琳娜幫助他，但梅琳娜卻不相信。道格無奈，只能離去。柯海根派遣瑞可公司的醫生和羅莉前來，試圖誘使道格相信這一切都是「夢」，是他在瑞可公司的假記憶植入過程中，自行創造出來的情節。道格識出破綻，卻又被羅莉逮住。梅琳娜趕來救出道格，此時她相信道格了，因為柯海根想追殺他，表示道格握有柯海根的秘密。

　　梅琳娜和道格獲得計程車司機班尼的幫助而逃過追殺，她領著他們進入反抗軍的核心地道。道格終於見到「寡頭」，寡頭問他要什麼？

　　「恢復記憶，尋回自我！」

　　「一個人的價值在於他的所做所為，而不是記憶。」寡頭說。

寡頭仍然幫助道格喚回記憶，不幸的是，柯海根的爪牙

也找到他們而殺來了。原來這一切都是班尼在搞鬼，他是柯海根的間諜，他殺了寡頭。寡頭臨終前要道格開啟反應爐，解放火星！面對得意洋洋的柯海根，道格和梅琳娜錯愕之餘，只能束手就縛。

柯海根見了道格，非但不生氣，反而親熱地說他立下大功。因為這一切都是豪瑟和柯海根布下的反間計，試圖打入反抗軍，以便能抓到寡頭。原來為求逼真，豪瑟自願變成道格，把豪瑟本人的人格與記憶封住，並創造出一個新的人格——道格——完全相信自己也受柯海根迫害，必須反抗他。豪瑟的另一人格，終於徹底取得反抗軍和寡頭的信任。雖然計畫陰錯陽差，最後仍成功了。柯海根想把道格再變回豪瑟，沒想到道格卻極力反抗，和梅琳娜掙脫控制，並殺掉柯海根與一干爪牙，最後找到外星人留下的反應爐，開啟反應爐，融解火星冰層，釋放氧氣，改造大氣層，火星居民終於不必躲在密閉空間內。

## 我是誰？

昔者莊周夢為蝴蝶，栩栩然蝴蝶也，自喻適志與！不知周也。俄然覺，則蘧蘧然周也。不知周之夢

為蝴蝶與，蝴蝶之夢為周與?

《莊子·齊物論》

　　他是道格，還是豪瑟?《魔鬼總動員》這部電影原名
"Total Recall"，字面意義為「總（整）體召回」，改編自
狄克 (P. K. Dick, 1928～1982) 的短篇科幻小說《我們能
為你整批記住》(*We can remember it for You Wholesale*)，
是一個關於獨裁統治、反抗軍、情報員、反間計的科幻
故事。《魔鬼總動員》是很爛的片名，和原文無關，只是
片商為求賣座的胡謅。故事很簡單也很老套，劇情結構
粗糙、邏輯不嚴密、處處漏洞；然節奏明快、娛樂性頗
高。這樣的片子有什麼值得好談的? 正因為本片在一個
老套的反間情報員故事中，加入了「改變記憶」的科幻
元素，並和「我是誰」的哲學思考掛上鉤，使它涉及「過
去的真實」、「記憶」、「自我」、「人格」與「身分／認同」
等概念，因而產生了哲思性的趣味。

　　道格正是一位不知自己是誰的存在者，當他發現自
己的過去全是一場空，他就不得不邁向「尋找自我」與
「真實過去」的旅程。道格相信他有一個「真實的過去」
(real past) 是他曾親身經歷的，他對這個真實的過去之整
體記憶，構成了他的「自我」。然而，此時此刻，他卻無

法抓住他的過去、他的「我」。

「你想知道未來嗎？」維納斯城的一名變種通靈人
問道格。

「過去呢？」道格答覆。

道格以情報冒險行動，開啟了一個哲學式的追問：
我是誰？他問：「如果我不是我，那我是誰？」

## 為什麼要問「我是誰」？

問「我是誰」是很愚蠢的，似乎只有當一個人精神
錯亂、或者患了失憶症時，他才會開始問這個問題。真
的是這樣嗎？

「你是誰？請證明你是誰？請證明你的自我是存
在的！」哲學教師來勢洶洶地問一位學生。學生慢
吞吞地挑出身分證，放在老師的眼前。

一張身分證是否就能證明「我是誰」？這時候，學生
是以統治機構的權威來保證他是誰。這是自我嗎？這個

「身分」(identity) 不正是外界指派的？難道「我是誰」要靠外在的國家來保證嗎？如果國家指派給我的是另一個身分呢？或者我同時擁有好幾張不同的「身分證」呢？就如道格被安插了一個「道格·魁德」的身分，以及豪瑟留給他的幾張不同的身分證。哪一個才是道格真實的自我？

「我思，故我在」這句名言開啟了近代哲學。近代哲學之父笛卡兒 (R. Descartes, 1596～1650) 想像（假設）自己所信以為真的事物：眼前的生活、外在世界、朋友、家庭、學問等一切，其實並不存在，而是法力高強的魔鬼在欺騙他，讓他以為這一切都是真實的。然而，仍然有一樣東西的存在和真實性卻是不容置疑的——那就是「我」，因為如果魔鬼在欺騙「我」，也必定要「我」先存在，欺騙的事實才能發生。因此，只要我一感到受騙、產生懷疑、進入思考，「自我」的存在就是確鑿無疑的。

道格的處境和笛卡兒設想讓自己陷入普遍懷疑之中的處境，不是類似的嗎？他發現自己信以為真的生活、家庭、妻子、同事通通都是假的，他該怎麼辦？他還有什麼可以憑藉的？「追尋真相的自我！」而且，道格必定要在這「追尋真相」的行動中，他才能擁有「當下的自我」，正如笛卡兒必定要讓自己陷入懷疑，才能肯定「懷疑中的我」是真實無疑的。試想，如果道格沒有感受到

生活中的不足，沒有對生活的現狀產生懷疑，沒有起而行動；如果他順服於美麗的「妻子」羅莉，如果他安於他的家庭工作，他將永遠無法發現「真相」和「價值」，只是扮演「別人」(柯海根和豪瑟——等等，豪瑟不就「是」道格嗎？) 手中的棋子或傀儡。

當笛卡兒在懷疑自我與外在世界時，他肯定了「懷疑中的自我」。當道格開始踏向追尋真相的冒險時，他也肯定了他自己——追尋真相的自我。但是，道格要尋找的「真相」卻是「我到底是誰」！他要尋找他過去的「自我」，過去的整體記憶。這個「過去記憶的我」卻不同於他「現在行動中的我」。哪一個才是真正的我——道格的自我？

我們一般人不會有這樣的問題，我們和道格一樣，也有「過去記憶的我」和「現在行動的我」，而且我們相信「過去記憶的我」和「現在行動的我」是同一個！從過去延續到現在，從事著將進入未來的行動。而在我們思考與行動的此時此刻，轉瞬間，就成了過去的記憶，而儲存在「過去的記憶我」當中。因此，過去的記憶我延續到現在的行動我，其實都是同一個，就是我們「此時此刻整個思考中與記憶中的我」。但是，我們如何知道「過去」和「現在」的我是同一個？是延續不斷的？只因為我的記憶嗎？但是如果我的記憶不可靠呢？甚至如

道格般整個人生都是假的呢？在哲學上，這就是「自我的同一性」(identity of self) 問題。

## 我的同一性

　　我們一般都相信自己的記憶是可靠的，否則我們很難生活下去。的確，我此時的回憶直接肯定我過去的記憶是可靠的，而且，過去的記憶我和此時的回憶我是同一的。但是，「直接肯定」並不是論證！如果有人挑戰你：你如何論證此刻的你，跟你記憶中的過去之你是同一個？你要怎麼回應？就好像道格在火星上受到了瑞可公司醫生和「妻子」羅莉的「挑戰」：你現在經歷的不是真實的，你在從事虛擬旅行，你以為你是情報員，被追殺，都是你自己創造（虛構）出來的情節。在電影中，醫生緊張的汗滴露出破綻，讓道格再次肯定他當時的真實經歷。然而，在現實生活中呢？我們遭遇的不是情報追殺，因此重點也不在於考驗體能智力，我們面對的是思考論證的挑戰。

　　現在，此刻在思考（在面對挑戰）的自我是確定的，我在打字或看講義的行動也是確定的。我想著「過去的記憶我和此時的思考我是同一的」或者我打著字、翻著講義。一瞬間，它們過去了，它們成為過去的記憶，被

儲存在腦海中，就在它們過去的同時，我能夠立刻回憶剛剛消逝的過去，從而緊接著過去沒有間斷，因此我能立刻在「此時思考的我」和「過去記憶的我」之間建立連續的同一性。如果此時我能在剛消逝的過去和現在之間建立連續的同一性，那麼剛過去的那時刻又何嘗不能？剛過去那時之前的那時又何嘗不能？換言之，過去到現在的每時刻我都能建立「剛過去」和「現在」之間的連續性與我在這時間連續之流中的同一性，因此，我能夠推論（論證）出「過去的記憶自我和此時的思考自我」是同一的。

慢著，你可能會反駁：失憶這種情況確實是存在的，一個失憶者在某個時間點（時刻），他的記憶被中斷了。若如此，上段論證中的記憶可靠性，就有了不連續的斷層。失憶者的確失去了記憶的連續性，但並不代表他失去自我的連續性——只要他仍有記憶能力，他在能夠思想與記憶之後，他仍然擁有一個從過去到現在的連續自我。只是這個自我，並不能穿透他失憶之前的「身分」，而是中止於失憶的那一刻。也就是說，此時此刻，這個思考與記憶的自我，他的整體記憶構成了一個身分；而他的失憶之前的思考自我與整體記憶，構成了另一個「身分」。這兩個身分可能是同一的（只要當下的自我能「認同」(identify) 兩個身分，並連成一體），也可能是不同的

（即此時此刻的自我並不「認同」兩個身分其中之一）。
正如道格並不認同他之前的「身分」──豪瑟。如果自
我能夠認同兩個不同的身分，並連成一體，那麼自我就
統一了；如果自我並不認同其中之一的身分，自我就分
裂成兩個（儘管都發生在同一個身體內）。這似乎意謂著
一個人的自我與身分，是由自己來決定的──透過認同。
然而，什麼又是「認同」(identification)？怎樣才算是「認
同」？

## 身分與認同

> 未經檢視的生命是沒有價值的。
>
> ──蘇格拉底

原先，道格以為他和豪瑟是「同一自我」，「他們」
的共同身分，都是反抗獨裁者柯海根的「革命志士」。因
此，道格連接了他的兩個身分，「假設」自己仍然是同一
的、連續的；他所欠缺的只是「召回」(recall) 身為豪瑟
之時的記憶，當這個缺環被補足時，他將回復為一個完
整、飽足的自我。豈料，豪瑟是位小人，始終是柯海根
的爪牙，「他」幫助道格逃開追殺的錄影帶，是一樁謊言；
「他」安排的反間計使道格成為害死寡頭的工具；「他」

揭發「他自己的真實身分」之錄影帶令道格陷入認同抉擇的困境：當道格或是當豪瑟？當正義反抗軍或者當卑劣的壓迫者？

> 一個人的自我與價值決定於他的所做所為，而非記憶。
>
> ——寡頭

　　或許是寡頭的話與寡頭的死，喚醒了道格的良知，使他「認同」目前道格這個身分——它不只是思考的自我、也不只是當「道格」以來的整體記憶（被追殺、逃亡、尋找梅琳娜、反抗軍等等），還包括揮別「豪瑟」的身分，與柯海根為敵，冒著死亡的危險，繼續「投身」反抗軍，解放火星。

　　道格所面臨的，是一個艱難的抉擇、劇烈的心靈轉折：不同身分的對立、價值與欲望的衝突、道德與利益的掙扎。這理應是個可歌可泣的心路歷程。可惜的是，在標榜動作的影片中，呈現的只是一波又一波高潮迭起的危機，不可能細緻地鋪陳道格的心路轉折。但是，我們仍然可以在這兒讀出「身分與認同」的哲學課題。

　　身分如何與認同相關？「認同」不只是一種心理內省的認定（我知道我自己是誰），還包括價值的抉擇與具體

的行動（我決定自己要成為誰）。透過「認同」的抉擇，我們（自我）決定了自己的「身分」，並回答了「我是誰」。

## 《強殖入侵》與人格的同一

想像有一天，有一群政府官員控訴你並不是你，而是一個複製的生化人。他們逮捕你，打算對你用刑。你自然大感驚駭！你莫明所以，覺得世事荒謬無以復加！（我們想起卡夫卡 (F. Kafka, 1883～1924) 的小說《審判》，主角被不知從何而來的人所逮捕指控，被帶到不知名的地方，等待著不知何時會來臨的審判……）你尋索你的記憶，確定你就是你自己！但是，他們言之鑿鑿，堅持你不是你。此時，你如何向他們證明你就是你？

《強殖入侵》(Impostor) 就是透過上述的假設條件「如果官方機構說你不是你，那麼會如何?」來敘說一段科幻故事。2079 年，地球遭到人馬星人入侵。歐史寶 (Spencer Olham) 乃是一位武器科學家，他設計並主持製造威力強大的武器。在渡過一個愉快的週末假期之後，他與妻子（退伍軍人醫院的副院長）雙雙恢復上班。不料來了一位國家安全局的幹員海瑟上校，指控他並不是歐史寶，而是人馬星人所製造的生化複製人！而且他的心臟藏有一顆強力炸彈，打算利用歐史寶與地球大統領

會面的機會引爆暗殺。為了替代歐史賓，取得接近大統領的機會，他殺了真正的歐史賓，並全盤複製了歐史賓的記憶、知識甚至情感，這使得其它人、包括他自己都相信他就是歐史賓！海瑟上校逮捕了「歐史賓」，打算剖開他的胸腔，挖出心臟，以證明他不是歐史賓，當然，他的生命也會消失。

在如此生死存亡危急關頭之際，「歐史賓」的體內爆發一股強烈的求生本能，他逃出國家安全局。此時，他心中有了一個更強烈的執念：證明自己就是歐史賓。由於和人馬星人的戰爭，地球當局為核心城區架起防護罩，以防範人馬星武器的攻擊，但是有許多地區、許多居民不在防護罩的保護範圍內，他們成了國家的棄兒。「歐史賓」逃亡到防護罩外圈，遇到一位「通緝犯獵人」。「歐史賓」和他進行利益交易，獵人帶領「歐史賓」由地下管道回到城區退伍軍人醫院，「歐史賓」帶他進入醫藥儲藏庫。經過一番波折，「歐史賓」拿到了自己的全身細胞掃描記錄磁片，並脅迫一名醫生為他進行比對。哪知道比對到心臟下方時，國安局的幹員追來了。「歐史賓」只得再度逃亡。他想到最後一個證明自己的手段：上個週末，他與妻子去初戀相遇的景點渡假，該地卻引發森林大火。他猜測森林大火應該是人馬星複製人的太空船墜毀所引發的，複製人已經死亡，他自己並沒有被殺害。

如果他能找到墜毀的太空船，就能證明自己確實是歐史
賓。因此他約了妻子到初戀相遇的景點會面（之前妻子
由於當局的影響而對他半信半疑），不料幹員也追來了。
他們逃入森林，找到墜毀的太空船，發現裏面有一具歐
史賓之妻的屍體！幹員告訴他：他們錯了，真正的複製
人是歐史賓的妻子，也就是此刻在他身邊的人。幹員殺
了他的妻子。「歐史賓」悲憤莫名。幹員檢視墜毀的太空
船，卻發現另一具屍體——他是歐史賓！轟然一聲……

　　新聞報導傑出科學家歐史賓從事叛國活動，引起大
爆炸，海瑟上校和許多幹員為國捐軀。歐史賓本人與其
妻也在這場大爆炸中死亡。「獵人」則與他病癒的愛人看
著電視上的歐史賓照片，堅信他是一位好人。

　　《魔鬼總動員》似乎告訴我們，「自我同一性」的關
鍵在於此時此刻的我主觀的「認同」——如果我認同（選
擇和決定）了關於我的一段記憶，就是過去和現在的我
自己。那麼，我就是我。可是，《強殖入侵》的情節似乎
挑戰了這樣的觀點，因為歐史賓的複製人不僅擁有歐史
賓的全盤知識、記憶和情感，也強烈地「認同」（以具體
的行動欲證明自己）歐史賓的身分，他卻不是歐史賓！
換言之，只靠主觀的認同似乎不能保證相同外觀的軀體
裏有「同一個人格」？

　　進一步追問之前，讓我們先來問問：到底為什麼要

討論這個所謂「自我同一性」或「人格同一性」的問題？

## 為什麼要討論人格同一的問題？

想像一種情況，如果你喝了一種神奇藥水，混有狗臉喬的體液，一會兒之後，狗臉喬會和你「對調靈魂」：你的靈魂進入他的身體，而他的靈魂進入你的身體。不料狗臉喬又是一名殺人犯，他和你對調靈魂之後，警探逮住了你。你聲淚俱下地宣稱你真的沒犯罪，你在另一個人的身體內，你絕對是無辜的。

假設真的有靈魂換體這回事，那麼當然人格同一的判準是「靈魂」。問題是，沒有人看過靈魂。你宣稱你的靈魂現在不是寓居在你原來的身體裏，人們所見的這個身體的主人並不是你，沒有人會相信你。我們的社會無法以靈魂為標準來辨識你或任一個人是誰。靈魂做為人

奇幻小說《阿奴比斯之門》（*The Anubis Gates*）（提姆・鮑爾斯著，顏湘如譯，大塊文化）中，一位能夠以藥物與他人「靈魂對調」的巫師，名喚「狗臉喬」，在「僭用」他人身體之後，必定算準對調時機，同時安排原來身體的死亡。

格同一性的判別標準只是出於宗教的信念，無法產生實用的價值。

　　（我們想起海瑟上校抓住「歐史實」時，咬牙切齒地說他偷了真正歐史實的記憶、知識和情感，但是有一樣東西他永遠偷不走──就是歐史實的靈魂。可是，就算靈魂真地存在，我們又該怎麼去辨識和指認一個人的靈魂？）

　　不管用靈魂來辨識同一人格可能顯得多麼無效用，上述的想像場景卻提供了一點線索來回答：為什麼要討論人格同一的問題？哲學討論人格同一背後有一個深層的動機：我們必須確保我們因為其犯行而懲罰的這個人，確實是犯了該罪行的人。如果犯罪的人格和接受懲罰的人格不同，不僅違反正義，懲罰也會失去意義。基於這種觀點，「精神分裂患者」和「多重人格者」的犯罪，不能施加懲罰而是代以治療或矯正，因為犯罪的人（格）和可能要接受懲罰的人（格），儘管有相同的身體，卻可能不是同一個人（格）。

　　在日常生活中，如何去辨識某個人就是過去做過某些事的那個人？「驗明正身」在一般人看來似乎一點都不是問題。因為我們大抵可以透過外觀體貌來輕易地辨識一個人。可是，身體外觀和身體的一切可見特徵，並不一定能向我們保證「同一個人」，人的外貌體態是會隨時

間而緩慢改變的！雖然在短期內，我們的形貌不會有大幅度的自然變化，但是在整形手術日益發達的今日，透過外科手術在一日之間全盤改變一個人的面目、甚至體態特徵，並不是一件困難之事，如吳宇森導演所拍攝的《變臉》(Face／Off)。既然面目外觀不總是能達成辨識一個人的目的，那麼使用筆跡、指紋、聲紋、DNA 檢測，甚至《強殖入侵》中的「全身細胞掃描」等方法又如何？問題是，要使用這些「身體特徵辨識」的方法，我們必須事先建立檔案——取得一個人的相關記錄，以便和未來的新記錄加以比對。一旦一個人沒有留下任何記錄，這些方法就英雄無用武之地。需注意的是，當我們在談及「人格同一」的問題時，總是意味著「歷時性的同一」(diachronic identity)，也就是我們如何去辨識在不同時間的兩個不同的行為，是「同一個人」所做的？在犯罪與懲罰之間，必定有時間上的差距，在一個人犯罪之後，什麼東西一直保持在這個人的「內部」，而不會因為時間的流逝而改變？它就是我們要的答案。

如果體態外觀和身體特徵並不是一個必然有效的答案，而靈魂的觀念又過於飄緲無用，我們尋求的答案很自然地會朝向一個人的「生活經驗之累積」。每個人的生活經驗之累積絕對是獨一無二的。把我們的生活經驗比擬成穿越時空中的軌跡，那麼必然沒有兩個人的生活經

驗軌跡會完全一致，甚至連互相重疊也不可能。我不可能在某一段時間內和你過一模一樣的生活，而且擁有一模一樣的經驗。經驗儲存在心中或大腦中，就是「記憶」！一個犯罪的人，只有他自己才能擁有那些犯罪的經驗以及犯罪的記憶。因此，如果我們能夠知道他的經驗和他的記憶，我們就能知道他過去是否做了某件事。雖然在實際的用途上，一個罪犯有可能隱藏他的犯罪經驗和記憶，但是，假定未來人類可以發明一種讀取記憶的機器，那麼透過記憶的掌握，我們就可以確定眼前的這個人，確實和過去做了某個行為的人是同一個。但是，事情並沒有那麼簡單。

　　一個人的經驗是獨一無二的，經驗轉化而成的記憶卻不見得能夠經歷時間而保持不變。少數人可能會得到「失憶症」，多數人可能會有「錯憶」或「選擇性記憶」，甚至「虛構記憶」的毛病，更不必提《魔鬼總動員》向我們揭示的未來世界，利用科技消除一段真實記憶，植入一段未曾經驗過的虛假記憶之可能性。

當然，如果人類真有能力發明這樣的機器，要不要去把它製造出來？這種機器被濫用的風險也很大！人們甚至政府可能利用它來窺視他人的隱私，每個人心中想保存的秘密就會無所遁形。這實在是個可怕的處境。

針對《魔鬼總動員》的討論，我們已經從其劇情中建議了「認同」這個答案。認同是一種價值與身分的選擇，以及親身踐履的投入行動。可是它仍然引發許多問題：首先是《強殖入侵》中的生化複製人「歐史賓」如此強烈地認同歐史賓，但它是歐史賓嗎？其次，當一個過去犯罪的人，後來改變了他的認同，那麼我們還能夠說現在的他和過去的他是同一個人嗎？

## 再論認同

「認同」其實不是一個人單獨主觀的選擇、決定和行動而已，還包括他人對你的選擇和行動的確認和肯定。也就是說，他人也確實「認同」你的認同。換言之，人格認同不僅在於「自我認同於某種價值生活」，更在於尋求他人的價值認同。用哲學的術語來說，認同不是「主體或主觀的認同」(subjective identification)，而是「主體際間的認同」(inter-subjective identification)。

就《魔鬼總動員》的情節而言，道格選擇反抗軍志士的身分，也同時獲得梅琳娜、反抗軍和火星大眾的認同，雖然他也得與柯海根和他的爪牙決裂。後者並不認同道格的身分選擇。如果道格選擇「接回」豪瑟的身分，則柯海根一黨會額手稱慶，道格卻會失去梅琳娜和反抗

軍大眾的接受。這也意謂著「認同」乃是在許多不同的價值團體之間作選擇。你必須選擇一個你同意其價值的團體，在其中你可以擁有一個身分，團體的成員也都認同你這個身分。因此，認同不僅是你認同你在這個團體中的身分，也是認同這個團體。當然你也可能在兩個以上的團體擁有不同的身分，如果這些團體互不相干，或者沒有任何價值衝突。此時，你有一個「雙重認同」甚至「多元認同」。一旦你面對兩個互相衝突的價值團體，你就不得不在衝突中作選擇了。如果兩個價值團體你都有同意的部分，你渴望在兩個價值團體中均擁有一個身分，你就面對一個「認同分裂」的處境，最明顯的例子就是生活在臺灣的人們（尤其是所謂的「外省人」），往往會面臨「臺灣人」或「中國人」兩種身分認同的掙扎。此時，你可以選擇弭平兩個價值團體之間的衝突，要嘛化解其衝突，使兩者和平共處、互相尊重，要嘛使兩個團體融合成一個更大的團體，以便解決你的分裂認同。

根據同樣的理由，儘管複製人「歐史賓」主觀強烈地認同他是歐史賓，但是他是否認同歐史賓所認同的一切價值和團體──也就是地球和地球人的價值？地球人是否也會認同他就是歐史賓？這正是關鍵所在。複製人「歐史賓」是不是歐史賓，不能單從他的主觀強烈的認同來判定。地球政府當局一直不認同他是歐史賓，最後

的爆炸也使地球人永遠不可能認同他是地球的一分子。然而，在「歐史實」努力尋求證明不到二十四小時內，他做了一些善行，幫助了一些需要幫助的人，這段經歷究竟能不能算是歐史實的生活經歷？或者說，能不能被寫入歐史實的傳記中？在不知道完整真相的情況下，對貧苦大眾與受過「歐史實」幫助的人而言，他們認同這一段行為歷程的當事人，正是歐史實。如果歐史實的傳記作者訪談他們，他們會說那是歐史實的善行。可是，對於總是不追求真相的媒體而言，歐史實叛國了。媒體錯誤地把由於複製人「歐史實」引發的大爆炸行為歸咎於歐史實。總而言之，在考察一個人的價值選擇與行為投入，以及他所認同的團體對他的認同之後，我們就可以確定「他是誰」。

最後，如果一個過去犯罪的人，後來改變了他的認同，他是否就不再是「同一個人」，因此也意味著不用接受懲罰？當然不是。如我們所言，「認同」不是主觀的認定而已，還必須投入實際行為，以及獲得他人的認同。一個過去犯罪的人，如果想要改過向善(認同善的價值)，他必須以實際的行動來表現，並取得眾人認同。在這種情況下，他的確能獲得一個新的身分，揮別舊的過去。正如道格揮別豪瑟的過去。可是，揮別舊的身分並不意味要連記憶都一起拋棄，犯罪者必須承認過去的錯誤，

牢記在心，並接受懲罰、償贖罪行，因為這是一種終結舊身分的象徵，也是取得新身分的必要條件。這時犯罪者和接受懲罰者仍然是「同一個人」，只是這個身分的一切生活經驗已經完結了。現在在相同的身體內，有一個全新的人格；而且在他完全改變並獲得眾人認同的意義下，我們可以說，這個新生的人和過去的那個壞人，不是「同一個人」。

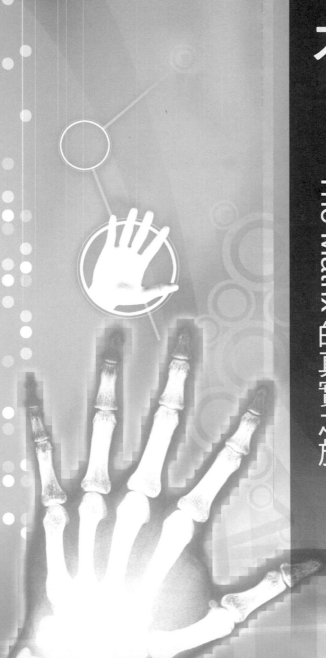

在

半夢半醒之間

—— The Matrix 的真實之旅

◆ 電　影: 《駭客任務》

（The Matrix I, 1999）

《駭客任務：重裝上陣》

（The Matrix II: Reloaded, 2003）

《駭客任務：最後戰役》

（The Matrix III: Revolutions, 2004）

◆ 導　演: 華卓斯基兄弟

（Andy Wachowsky & Larry Wachowsky）

◆ 發　行: 華納（Wanner）

你可曾想像過，自己只是一個桶中大腦？

想像你只是一顆浸泡在培養液中的大腦，神經細胞的觸突末端被接上電極，連結到一臺超級電腦，透過電子線路，所有你所經驗到的、所感受到的一切，都是這臺超級電腦傳輸給你的訊息：它們使你感到自己有一具身體，有視覺、觸覺、嗅覺、味覺等感受，自由自在的生活在一個物質世界中，把玩各種現代化的器具和產品，與他人往來接觸……，然而這一切都只是電子訊號，是超級電腦虛擬的。你所經驗的一切根本不是真實存在的東西。

在這種科幻場景的設定下，你如何證明自己不是個桶中大腦？如何證明你所經驗的外在世界是真實存在的？這是哲學家帕特南（H. Putnam, 1926~）在 1980 年代對自己、也對我們發出的「懷疑論挑戰」。

## 在半夢半醒之間

　　「你會不會覺得，自己在半夢半醒之間?」《駭客任務》(The Matrix) 的主角尼歐 (Neo)，問一個朋友。表面上 (in appearance)，尼歐是一家電腦軟體公司的程式設計師。但是，他總是在生活當中，感到很多不對勁的地方。究竟哪裏不對，卻又說不上來。輾轉難眠，使他經常在「夢」中驚醒。

　　在一段驚心動魄的開場（崔妮蒂 (Trinity) 逃避警察和探員的追捕）之後，尼歐幾度「清醒－睡夢」交織的情節登場。怎麼了? 他自問。為什麼? 他想尋求答案。就因為這不對勁的「感覺」，「有人」也找上他了。

　　尼歐想尋求什麼答案? 一位在酒吧碰頭的美豔女子崔妮蒂，引領他去見莫斐斯 (Morpheus)——「反抗軍」的領袖，他知道答案。莫斐斯告訴尼歐，事實上，他活在一個虛擬世界中，眼前所看、所聽、所接觸、所經驗的一切——軟體工程師的職業、日常生活、高樓大廈、每天接觸的人們、吃的食物，都是「母體」(The Matrix)（夢境）虛構出來的。「不可能」、「這不可能是真實」，尼歐無法相信。「什麼是真實?」「真實該如何定義?」莫斐斯反問。

尼歐以為，他生活在 1999 年；莫斐斯告訴他可能已經 2199 年了。尼歐以為，他有一個活生生的身體，可以自由自在地移動，想到哪裏就到哪裏；事實上，他只是個活在培養槽中的人體，動彈不得。尼歐以為，他所看、所聽、所經驗的一切，都是真實的；事實上，那些「經驗」都是「母體」（夢境）——人工智能所創造出來的電腦世界——灌輸給他的。可憐的尼歐，他只是個「桶中的軀體」！他的一生，只是一場夢。

莫斐斯告訴他「真相」：人類創造了擁有人工智慧的電腦。後來，這智慧電腦不服人類的驅遣，與人類發生戰爭。電腦贏得最後戰役，反過來統治人類，甚至「製造」人類。原來人類在戰爭中引爆核子彈，遮蔽天空，想阻礙電腦獲得太陽能。可是，沒有陽光的世界，人類也無法生存。為了在遮蔽的天空下取得能源，電腦想到人類的生理活動乃是能量來源，於是它們製造了許多培養槽，養了數億「桶中的軀體」，把人體變成「電池」。

「母體」實在不是個好譯名，當然《駭客任務》更是個不知所云的片名。"The Matrix" 不如譯成「夢境」，既符合情節，又有一點諧音功效。

為了讓人們甘心自在，它創造母體（夢境）——虛擬世界——讓槽中的那些「能經驗的屍體」感到自己活在1999 年代的世界中。然而，有人覺醒了，他們從培養槽中逃脫出來，取得自由的身體，自由的思想，但得面對一個沉暗陰濕的「真實世界」；他們不想獨善其身，更想「解放」其它人類，卻被擁有智慧的電腦母體視為「恐怖分子」，而受到「電腦人」——母體的超人警衛——的追捕。

「你得解放自己的心靈。」莫斐斯相信尼歐是能夠打倒「電腦人」的「救世主」(The One)。然而，他必須先解放自己的心靈——完全領悟眼前所見、所聽、所接觸者都只是虛擬的——空間不是真的空間、距離不是真的距離，障礙不是真的障礙。一個完全解放的心靈，才能掌握「真實」。尼歐一開始對自己是否就是「救世主」感到懷疑，後來莫斐斯為了拯救尼歐的生命而被電腦人抓走，在援救莫斐斯的過程中，尼歐終於相信自己是能夠打倒電腦人的「救世主」。

《駭客任務》這部娛樂電影，可以從很多角度來解讀它。不過，有一個貫穿全片的主線，也是尼歐想追求的答案——「真實」(reality)（或者「真相」、「實在」）。

哲學史上，不斷有哲學家，同樣終其一生在追尋「真實」（哲學上更慣稱「實在」）。「實在是什麼?」哲學家想

知道:「我們能知道實在(真實)嗎?」這至少又可分成兩個問題:「我的生活環境(外在世界)是真實的嗎?」「我的身分、本質與自我認知是真實的嗎?」兩者互相關聯、緊密交織。

## 我們是桶中大腦嗎?

你是否恍然大悟?原來《駭客任務》就是「桶中大腦」的好萊塢娛樂版。

我們是桶中之腦嗎?問這問題的哲學家當然不是在做白日夢、寫科幻小說或者編寫電影劇本,事實上,他提出這個「科幻場景」是為了自我挑戰:「(在心靈之外的)外在世界 (external world) 真的存在嗎?」「我們心靈所經驗的,就是外在世界的真實模樣嗎?」換言之,這個「科幻場景」被當成一種「懷疑論證」,即懷疑外在世界真實存在;以及懷疑我們所經驗的並不是真實世界的論證。哲學家要我們也一起面對「懷疑論證」的挑戰,從

在此,我們把「真實」、「實在」和「真相」這三個中文詞,視為同義詞。三者的意義完全相同,均對應著英文的 "reality" 這個字。

而找到確切無疑的答案。

　　這個對經驗的「真實性」之懷疑論調，並不是二十世紀的產物。早在十七世紀，近代哲學之父笛卡兒已經提出一個類似的懷疑論證。在一個下著大雪的冬夜裏，屋內的爐火燒得暖烘烘的，老狗蜷伏在腳邊，小貓耍玩著毛線球，笛卡兒坐在搖椅上看書，忽然感受到自己置身在一個如夢似幻的場景中，他開始懷疑眼前世界的真實性：如果他所經驗到的一切，嚴寒、火爐、溫暖、書本……他一向以為真實存在的外在世界，其實只是個幻覺、只是一場夢、只是心靈虛構出來的話，那麼還有什麼能是真實的？他自問：為什麼他會深信眼前世界是存在的？是不是有一個超能的魔鬼，運用它的能力創造出眼前的一切來欺騙他？魔鬼的能力如此之強，以致他所經驗的一切都完美無瑕，無法覺察任何破綻！在這種設想下，他要怎麼證明世界是真實存在的？眼前的貓狗是活生生的？笛卡兒這整個想像又被稱作「魔鬼論證」(Demon Argument)。它試圖指出透過感官經驗使我們信以為真的事物，未必是真實的。「桶中之腦論證」正是「魔鬼論證」的翻版。巨型的超級電腦（正如《駭客任務》中的母體）扮演著和魔鬼相同的角色。

　　當然，笛卡兒並沒有停留在「魔鬼的騙局」當中，他想找尋出路。他的第一步是問：是否有那樣的東西、

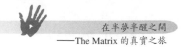

或者那樣的一句話，我們壓根兒不能對它有任何懷疑？當心靈在懷疑一切的真實性時，是否心靈本身是不容懷疑的？他寫下了傳頌千古的名言：「我思，故我在。」他指出，就算我經驗的一切，包括外在世界，都是魔鬼在欺騙我的，讓我誤以為它們存在。但是，「我」（自我）的存在，是確鑿無疑。因為若「我」被欺騙，也要我先存在，我才能被騙！當然，此刻我是否被騙，並不確定，我處在懷疑一切的狀態之中，但有一件事是可以確定的：「我懷疑，故我存在。」笛卡兒因此把「自我的存在」當成知識大廈的基石，企圖一磚一石地重新建造整個知識體系。

笛卡兒保證了自我的存在。但外在世界呢？我們經驗中的一切呢？是否真實？我們要如何保證？笛卡兒訴諸「上帝」來保證外在世界的真實性。他論證我們可以得到上帝存在的真實性之知識。既然上帝真實存在，祂創造了世界和人類，也讓我們擁有理智能力。全真全善的祂，不可能欺騙我們！既然我們的理智能力告訴我們「外在世界」存在，它就一定存在，因為「上帝不會欺騙我們」。

很不幸地，二十世紀之後的人類，對上帝是否存在，並沒有那麼大的信心（甚至全無信心）。我們不再懷疑是否是魔鬼欺騙了我們，也不再祈求上帝來拯救我們，我

們懷疑的是：「我是否只是一個桶中大腦？」我們懷疑自己所經驗到的一切，其實並不存在，全都只是超級電腦的虛擬而已。雖然「我懷疑，故我存在」仍然有效，但「自我」只是一個桶中大腦！我們連身體都沒有了。在這種懷疑處境下，我們是否還能「救回」我們的身體？以及我們熟悉的外在世界？

就像《駭客任務》中的叛徒塞佛 (Cypher)，他為求舒適豐富的感官感覺，寧願放棄身體（的自由），主動向「電腦人」出賣反抗軍的情報。坐在高級的牛排餐廳裏，他叉著一塊牛排說：「這塊牛排，如此美味、多汁、可口；但是它並不存在。」

想想，這真是一個可怕的處境！我們還能保證「自己的身體、外在世界的存在與真實性嗎」？

從我們擁有清晰分明的「上帝」觀念，推論出上帝必然存在的論證，傳統上被稱作「上帝存在的存有論論證」。它的推論過程是這樣的：上帝，其定義是全真、全善、全美的無限實體，而我，作為一個有限的實體，卻能擁有一個無限實體的清晰概念，這個概念必定不是我自己能產生的。除非無限實體本身存在，而且把祂的概念「印在」我的心靈上，使我生而即有，否則我不可能擁有無限實體的概念，因此，無限實體，也就是上帝，必然存在。

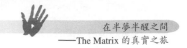

大部分人可能對這個問題嗤之以鼻:「這些哲學家怎麼這麼無聊,吃飽沒事想出這麼多把戲來作繭自縛。」哲學家是自找麻煩嗎? 如果不是, 他們創造的這種思想困境,我們又該如何面對?

## 什麼是真實的? 實在是什麼?

俗語說:「眼見為憑。」但是, 哲學家通常不怎麼相信感官。譬如, 古希臘的柏拉圖 (Plato, 427〜347 BC),他認為感官世界是易變動的, 很容易欺騙我們, 因此它們不可能被當作知識和真理的保證——感官告訴我們的, 並不是真實。那, 什麼才是真實的呢? 柏拉圖認為只有永恆不變的完美事物才有資格稱作真實,好比幾何、數學所研究的東西。譬如三角形。在一張白紙上畫一個三角形——它看起來是三角形,但它是真實的三角形嗎? 或者, 它只是真實三角形的摹做? 它的三邊是真實的直線嗎? 它的三內角和剛好一百八十度嗎? 不管我們使用的工具再怎麼精密, 繪圖技巧再怎麼高明, 我們所畫出的三角形永遠不是真實的、完美的三角形。柏拉圖把完美的三角形稱作「理型」(ideal form)。在物質世界中的所有三角形, 都只是這「理型」的複製品。那麼,「理型」是我們心中所想的觀念嗎? 也不是。它並不存在於物質

世界中（任一張圖畫紙上），但也不存在於我們的心靈世界中，它就存在於「真實世界」──「理型的世界」中。這個世界既不屬於物質世界，也不屬於心靈世界。

同樣地，笛卡兒雖然透過上帝來保證外在世界的存在，但是他並不認為外在世界的「真實」，就是我們感官經驗到的樣子。譬如，我們看到的物體色彩、聽到的種種聲音、感覺到的冷熱，其實只是我們心靈的主觀感受，外在的物體並不擁有這些可感性質。笛卡兒認為，外在世界的真實只是無數大大小小的微粒子，它們構成了一切物體，山川、石頭、花草，甚至動物和人的身體。這些微粒子充塞所有空間，以致整個宇宙沒有任何空隙。它們在宇宙間形成巨大的渦漩，帶動天體的運行；它們彼此之間不斷地碰撞而造成自然界的一切變化。當然，其中有一個例外：人的心靈──它們不是由微粒子構成的。心靈形成了一個內在的世界──包括我們的一切感覺、思想、情緒、記憶。有很多感覺性質如光、色彩、聲音、軟硬等等，我們一向以為它們存在於外在世界中，其實不是。笛卡兒認為，它們只是微粒子作用在人類心靈上的效應。如果外在世界的真實，果真如笛卡兒所描述的這般，那「我們要如何認識這真實」？透過科學方法。笛卡兒所認可的「科學方法」，乃是幾何和數學。只有幾何和數學，才能描述這個外在的物質世界，因此，除了

無數不留空隙的微粒子外，這個物質世界的「真實」就是由幾何學所展示的軌跡、位置和速度。

十八世紀時，有一位哲學家叫柏克萊 (G. Berkeley, 1685〜1753)，卻論證「外在物質世界」完全不存在，存在的只有心靈，以及我們心靈中的觀念。「存在即是被知覺」，因此，「不被知覺到的即不存在」。所謂的物質世界，根本不可能被我們知覺到，因此，那個世界並不存在。這真讓人驚訝啊！又有一位哲學家「語不驚人死不休」了嗎？難道那些我們看到的花草、發出鳥鳴聲的鳥、嚐到的食物，通通都不存在嗎？若是如此，我們又如何能看到、聽到、嚐到它們呢？柏克萊認為，當然我們可以看到花草的形狀顏色，聽到鳥兒的婉轉啼鳴，嚐到牛排的鮮嫩美味，但是我們不需要也無法推論出獨立於這些知覺經驗外的物質存在。存在的只有被知覺的對象——也就是我們心中的觀念 (ideas)。花草、鳥獸、山川，不過是這些觀念（感覺性質）的聚合而已，並不存在花草本身、鳥獸本身、山川本身等等一類的東西。很自然地，我們也不可能知覺到自己是不是個桶中軀體或桶中大腦，我們只剩下一個虛無飄緲的心靈（或幽靈）而已。

現在我們知道了懷疑感官知覺的哲學家，並不是真地不相信真實。相反地，他們很確定「我們能掌握（知道）真實」。反而信任感官知覺的哲學家，卻主張沒有外

在的世界！這究竟是怎麼一回事？況且，就算主張有外在真實世界，但他們的「真實」好像和我們一般人的「真實」不太一樣，知道真實的方法也不太一樣。是我們一般人錯了嗎？還是他們「想太多」了，自找麻煩？

我們先來問問看，一般人認為的「真實」是什麼？我現在看書，我的眼前有一本書，上面有很多字，有一段話告訴我：「很自然地，我們也不可能知覺到自己是不是個桶中軀體或桶中大腦，我們只剩下一個虛無飄緲的心靈（或幽靈）而已。」有一本物質的書存在，這就是一個真實。我坐在椅子上，椅子存在，而且支撐我，使我不至於摔倒，這也是一個真實。我住的房子、城市，遇見的人，通通都存在，而且就以我們看到的樣子一般地存在。換言之，我們日常生活當中的經驗，是真實事物造成的 (cause)；真實事物是我們這些經驗的原因，而且它們和我們經驗的樣子相吻合。

顯然，我們一般人所認為的「真實」，和柏拉圖或笛卡兒所認為的「真實」，並不完全一樣。柏拉圖和立場近似柏拉圖的哲學家（如二十世紀分析哲學的先驅弗列格 (G. Frege, 1848～1925) 與羅素 (B. Russell, 1872～1970)）主張「共相」(universals)（或「抽象概念」）才是最真實的；我們可以說這種論點是「共相實在論」(universal realism)（哲學史上，往往又把它稱作「柏拉圖實在論」

(platonic realism) 或者「柏拉圖主義」(Platonism))。笛卡兒則主張「真實」(「實在」) 必須由科學來發現，因此笛卡兒的論點，就可以稱作「科學實在論」(scientific realism)——雖然，笛卡兒心目中的科學，與日後被接受的近代科學，並不完全相同。而一般人根據常識，主張日常事物的真實性，就可以稱作「常識實在論」(commonsense realism)。至於柏克萊的主張呢？哲學上，慣常把柏克萊的主張稱作「觀念論」(idealism)，但沒有人會稱它為「觀念實在論」(ideal realism)。相反地，這樣的立場被認為是「反實在論」(anti-realism)。

這些不同的實在論和觀念論，分別塑造了不同的世界，《駭客任務》中的世界，究竟是哪一個世界？

笛卡兒的哲學有二個常見的、著名的標籤，即是「二元論」(dualism) 和「機械論」(mechanism)。通常我們提到「笛卡兒主義」(Cartesianism) 時，我們也是指「二元論」或「機械論」。然而，二元論是針對心物問題的立場，機械論則是針對自然哲學的標籤。至於，針對「實在」這個概念和「我們能夠知道真實」這個問題而言，笛卡兒可以說是「科學實在論」的先驅。

## 觀念和真實、本質和存在

尼歐在「母體」中，就好像我們生活在柏克萊的「觀念世界」中；尼歐在母體外，就好像我們生活在「常識世界」中。在母體外，尼歐是個平凡人（姑且不論在第二、三集中，尼歐在母體外也擁有了超能力）；在母體內，尼歐成為超人般的「救世主」──這裏又有什麼象徵意義？

尼歐不相信自己是救世主。

莫斐斯帶他去見「先知」（祭司），她可以看出究竟尼歐是不是救世主。救世主不會死在觀念（虛擬）世界中，因為他可以完全認清真相：虛擬的武器不會傷害身體，虛擬的死亡也不是真正的死亡。然而，人們囿於自幼受到母體灌輸的習慣和成見，把虛擬誤為真實，無法對抗母體的守衛「電腦人」，也無法承受自己在虛擬世界中的傷害和死亡。「救世主」是個能超越成見的人，他能克服母體的信念羅網，自由自在地在虛擬世界中翱翔。

柏拉圖在對話錄《理想國》(*The Republic*) 中，告訴我們一個「洞穴寓言」：有一群囚犯，他們的身體被綁縛在一個洞穴中的牆上，頭和視線只能看著前方。他們看到對面石壁上出現許多事物的形象，便以為所看到的是

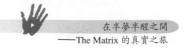

「真實」。卻不知這些影子只是他們身後的傀儡戲，由於外面的陽光射入洞穴，在石壁上投射而成的影子。有一天，一位囚犯掙脫了束縛，循著光線走出洞穴之外，看到明亮得令人睜不開眼睛的陽光，以及陽光底下的真實世界。他恍然大悟，過去所見的一切，原來只不過是幻影。他跑回洞穴，告訴同伴他的發現，同伴卻嘲笑他，認為他所說的不過是夢話囈語。

洞穴寓言的寓意很清楚：我們必須掙脫過去的成見與積習，才有可能見到真實。但是，即使尼歐擺脫了心靈的約束，他要如何「見到」自己是救世主的真實？問祭司嗎？

「你是救世主嗎？」祭司問尼歐。

「老實說，我不知道。」

尼歐無法確定自己是不是救世主。祭司告訴他：「當救世主像談戀愛，沒什麼道理，你卻很確定。」尼歐仍然猶豫。祭司只好說：「小子，很抱歉。你很有潛力，不過你在等待什麼？」尼歐搖搖頭，以為莫斐斯錯了，使他差點相信自己就是救世主。祭司否定尼歐是救世主嗎？沒有。祭司已經「透露天機」，尼歐仍然不明所以。尼歐不

相信命運，他要掌控自己的生命。既然如此，他何需別人來向他確認「他是救世主」？

在一連串驚濤駭浪的打鬥援救過程中，尼歐終於完全克服過去的積習，真正體認虛擬偽裝成真實的事實，他從死亡中復活，成為「超人」。（當然，電影為這段「復活」的情節添加了愛情的調味。但是也有宗教上的隱喻，因為「崔妮蒂」(Trinity) 其實是上帝三位一體的象徵。）尼歐是救世主了嗎？既是又不是。他擁有救世主的潛能，但試煉和旅程尚未終結。

這段情節有三種哲學啟示：其一是，觀念（言論）本身不會傷害人，但執著於觀念（言論）才可能傷害人。其二是，人不是因為他們的本質是什麼，他們才變成什麼；相反地，他們是先存在，再去創造自己的本質。其三是，英雄的創造，必須要經過啟程（召喚、拒絕召喚）、啟蒙（冒險、跨越門檻、智者、試煉）、回歸（覺醒、復

崔妮蒂在第三集中的死亡，也象徵著「上帝已死」。尼歐與「混沌」（失控的史密斯程式）的決戰，同時拯救了人類世界與電腦世界。人類因此被解放，獲得自由，但電腦也免於毀滅。從此，人類與電腦都必須面對一個不再有誰控制誰的新世界，他們必須和平相處而共同演化，不再是絕對控制，但也不是毫無秩序。

活、最終的成功）三個階段，這也是一切神話英雄冒險故事的必經歷程。

我們總以為，進入電腦虛擬實境 (virtual reality) 遊戲中，我們才是生活在一個虛擬世界中。其實，我們總是同時生活在虛擬和真實交織的世界中。我們生活世界的一部分充滿著觀念、表象、符號和言論；另一部分則是他人、物質和環境。但是，各式各樣的觀念、言論、符號本身都沒有害處，反而增添世界的活潑面貌；可怕的是人們執著於某些強烈的觀念、思想、符號，以為他們所擁有的符號、觀念是唯一真理，代表了絕對的真實。要嘛強迫他人接受，要嘛看到他人駁斥或貶抑自己的觀念，就覺得痛不欲生。兩者都混淆了觀念與真實之間的界限。重要的是像尼歐一樣，看清「虛擬」的東西無法傷害我們。然而，這也需要一個像尼歐一樣逐步擺脫積習與成見的試煉過程。在通往心靈自由的冒險旅程中，我們都可以將自己塑造成自我的「救世主」。

哲學上，有「本質先於存在」或「存在先於本質」的爭論。「本質」是一件事物之所以為該物的根據。一個東西之所以為人，在於它擁有人的本質。有了本質，它才算是人，因此它才以「人」的身分而存在。這便是「本質先於存在」的主張。然而，有些哲學家主張，對人而言，「存在先於本質」。一個人之所以為人，不是因為他

擁有人的本質——事實上，並不存在人的本質——而是因為他的一連串的抉擇與行動，創造了他自己是誰——也就是他的本質。二十世紀一度流行的「存在主義」(existentialism) 就是抱持這種觀點。

「救世主」是尼歐的本質嗎？尼歐是生來就要當救世主的嗎？不是。「救世主」必須由尼歐自己創造出來，任何人——不管是莫斐斯、崔妮蒂或祭司——都無法事先預知。但是他們可以引領尼歐走上「救世主」的修煉之旅。莫斐斯創造了一個「盲目的信念」，堅信尼歐是救世主，甚至生死與之；莫斐斯也創造他自己作為「救世主的催生人」。祭司是智者，她並不預言命運，而以智慧引導眾人。她告訴尼歐，他和莫斐斯兩人之間有一人會死，他必須作出選擇。然而，不單單只是「選擇拯救莫斐斯」這件事情使尼歐覺醒，而是一連串的抉擇與行動，使尼歐走上救世主的英雄試煉之旅：跟著小白兔走、留在崔妮蒂的車子裏、吃下紅色藥丸、選擇拯救莫斐斯（意味著自己會死）。當然，他最後的選擇招徠自己的死亡，卻沒料到這是一條復活之路、覺醒之路。是尼歐自己創造了自己的「救世主」本質。

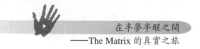

# 「救世主」與宗教象徵

　　打從一開始，尼歐即不斷地被不同人喚作「救世主」（或「耶穌基督」(Jesus Christ)）。耶穌基督是基督教整個救贖故事中的「那一位」(The One)，恰好被 "Neo"（尼歐）這個名字所影射。「尼歐」是母體中的網路世界（虛擬世界中的虛擬世界）之身分，在母體中的日常世界，尼歐的另一個名字和身分是「安德森」(Anderson)，這個英文名字別有指涉："ander" 字根影射希臘文 "andras" 即「人類」之意，"Ander-son" 因此影射著「人子」——基督教給耶穌的另一個稱呼，耶穌是神之子，但降生為人而成為人子（神之人子）。

　　豐富的宗教（基督教）符碼與象徵是《駭客任務》的另一個特色。尼歐、崔妮蒂、莫斐斯和塞佛等人物與情節，影射著耶穌的故事。

　　既然有耶穌基督，也要有上帝。崔妮蒂正是上帝的象徵，因為 "Trinity" 乃是「三位一體」的意思。在基督教神學中，上帝有三個位格 (persons)，即聖父 (father)、聖子 (son) 和聖靈 (spirit)，祂們卻又是一體的。也就是說，祂們彼此互相獨立，正如不同人格之間的互相獨立，但卻又不可被視為三位神明。神只有一位。三位格分別

象徵信、望、愛：人們對於聖父要寄予信仰與信心；聖子耶穌帶給人們希望；聖靈以無邊的博愛撫慰人心。在崔妮蒂的愛中，尼歐復活了，從而帶給人類希望，但是愛與希望，還是必須源自信心——莫斐斯看似不可理喻的盲目信心。

　　莫斐斯 "Morpheus" 的名字不是出自基督教，而是來自希臘神話中的「夢之神」。莫斐斯解放在夢中的人類，引領他們去尋求真實——包括人子尼歐。因此在夢境世界中，莫斐斯相對於尼歐而言，扮演著施洗約翰 (John the Baptist) 的角色。施洗約翰引領耶穌回歸上帝，莫斐斯引領尼歐走向追尋真實之路。相對於一般大眾，莫斐斯則是夢之神，他駕著尼布甲尼撒號 (Nebuchadnezzar) 播散真實的訊息。「尼布甲尼撒」乃是古巴比倫王的名字，語出《聖經‧但以理書》，古巴比倫王做了兩個夢，由先知但以理為他解夢。「尼布甲尼撒」告訴大眾他們在做夢，必須由夢之神莫斐斯來為他們解夢。在第二集中，莫斐

尼布甲尼撒王做的夢使他心煩意亂，他召集占卜師、法師、占星家等，要求他們猜測他的夢中內容，並解釋夢的意義。但沒人做得到。但以理得到上帝的啟示，他述說尼布甲尼撒王的夢境並加以解釋。

斯望著被炸彈擊毀的尼布甲尼撒號，失落地說：「我曾經有一個夢想，現在夢想卻離我遠去。」

英雄要走向覺醒之路，必須經過試煉。其中往往也包含朋友的背叛。耶穌被他的門徒猶大 (Judas Iscariot) 所出賣，尼歐和莫斐斯等人則被塞佛所背叛。塞佛當然是「夢境」中的猶大，塞佛這英文名 "cypher" 又拼成 "cipher"，即「密碼」之意，莫斐斯和尼布甲尼撒號上的成員們不斷地努力「解碼」(decipher) 夢境，塞佛則違逆他們，企圖把他們再度「編碼」——接上「夢境」世界。

在第一集中口頭提到，在第二集現身，在第三集最後戰役的「聖城保衛戰」中成為主角的「錫安」(Zion)，即是「天國之城」，也是「耶路撒冷」(Jerusalem) 的另一個名稱。錫安面臨機器兵團的攻擊，祭司再度對尼歐作出預言：要拯救錫安，關鍵在於他的「選擇」。所謂祭司 "Oracle"，其實是「神諭」的意思，她貫穿了一、二、三集，而且在第二、三集中擁有一位保護者 "Seraph"（譯成「賽若膚」）——「六翼天使」，乃是基督教中最高等級的天使。

《駭客任務》系列喜歡玩名稱影射的遊戲，例如第二集中的「鑰匙人」(Keymaker)（「鑰匙製造者」、「關鍵人物」之意）、第三集中的「火車人」(Trainman)（列車的隨車人員、運送者）等。這當然在影片的緊湊刺激情

節之外，為觀者帶來「解碼」的樂趣。第二集的片名
"Reloaded"（重裝或重載，電腦術語，重新安裝程式）
和第三集的片名 "Revolutions"（循環、從頭來、革命）
也有類似的趣味，複數的 "Revolutions" 代表著「人類－
救世主－錫安－毀滅」的過程不斷地重覆循環，人類的
命運不斷地輪迴。這種命運在第二集中已然揭露：萬物
之源 (the Source) 的主機程式──夢境系統的建構者
(the Architect)（造物主）──告訴尼歐，他之所以能具
有「救世主」的能力其實是系統的一種設計，「救世主」
也是一種控制程式，在他之前已有六次循環重來
(Reloaded)。但是，尼歐的選擇 (choice) 卻和其先行者不
同，結果也完全改觀。換言之，第二集不斷強調的「選
擇」，成為第三集的主題，在一再地重覆循環之後，不同
的選擇帶來了新的「革命」(revolution)。儘管如此，續
集的影射力與情節關聯性已經轉弱很多，其耐人尋味的
意涵似乎也和票房下跌一樣地下跌。雖然我們還是可以
繼續玩一玩命名解碼的遊戲。

　　第二集，我們開始看到，原來莫斐斯並不是唯一的
「使徒」，還有來自「錫安」的許多飛船和其它「使徒」，
耐人尋味的是莫斐斯的前女友──奈爾碧 (Niobe)，這也
是一位希臘神明的名字。奈爾碧是「拉哥斯」（邏各斯）
(Logos) 號的船長，"logos" 是希臘字「言說」之意，哲

學史最著名的語彙之一,「邏輯」(logic) 的字源。奈爾碧和邏各斯有什麼關係? 就開放給讀者自行聯想了。

為了挽救即將毀滅的錫安,尼歐必須與萬物之源面對面。可是,他必須透過關鍵人物「鑰匙人」,才能達成使命。鑰匙人卻被一個殘暴的程式人梅洛賓基恩 (Merovingian) 監禁。這是西元 476～751 年間一個法國王朝的名稱 (因此他又被暱稱為「法國佬」)。尼歐等人去見夢境之中的梅洛賓基恩,他對他們大談「理由」(reason)、「為什麼」(why)、「因果」(causality)、「原因」(cause)、「結果」(effect)、「目的」(end)、「工具」(means) 這些哲學概念。為什麼梅洛賓基恩要長篇大論? 我們不得而知。如果梅洛賓基恩的角色取名為「邏各斯」,或許可以引發更多哲學聯想。不過,我們也注意到在第三集中,尼歐和崔妮蒂駕駛 Logos 號到機械城市去。

The Matrix 系列的續集仍然充斥大量哲學。只是存在於對話中,而非情節的設計中。劇中每個角色——包括人類與程式,總是在對話中大談「權力／動力」(power)、「命運」(destiny)、「目的」(purpose)、「生命的意義」(the meaning of life)、「存在的意義」(the meaning of existence)、「選擇」(choice)、「義務」(我做我該做的事)。這些動輒脫口而出的哲學術語和對話,已經很難被融入情節中。當然,詮釋是開放的,我們依然可以對情

節作出融貫的聯想與詮釋。

尼歐與史密斯的最後對決，象徵著「混沌」(chaos) 與
「秩序」(cosmos) 的鬥爭。史密斯是失控的、不斷自我
複製的程式，它的唯一目的是摧毀一切，使萬物回歸虛
無。它對尼歐發表長篇大論，論述人類生存的毫無意義
（可以被詮釋為「虛無主義的觀點」）。尼歐的頑強與不
服輸，象徵生命的韌性，正如薛西弗斯推滾石頭上山，
石頭一再一再地滾下山來，他仍一再一再地重覆，永不
止息。最後尼歐被轉化成史密斯（對照於第一集史密斯
被尼歐鑽入體內而「內爆」），後者卻再次同樣地面臨「內
爆」的命運。混沌被消融在秩序中。尼歐完成了他身為
「救世主」的使命（目的），為世人（人類與程式）犧牲。
殘留的史密斯回歸祭司 (Oracle) 的形象。原來，這一切
都是祭司所玩的一場遊戲，她曾自言自己的目的是「擾
亂」世界——機器與程式的世界。「擾亂」是秩序中的混

第二集中，參議員哈曼 (Hellmann) 與尼歐的對談，論及人與機器的互
相依賴，控制者與被控制者的互相依賴，使得究竟誰是控制者誰是被
控制者，反而很難分清。在哲學上，這段對話可以聯想到
傅柯（M. Foucault, 1926～1984）的權力觀點；在情節上，
隱然地透露結局——人與機器必須互相依賴、和平相處。

沌，但不是絕對混沌——絕對混沌是徹底的虛無。(可惜的是，此處再度失去命名符碼與情節的聯繫，「造物主」並沒有被命名為「卡斯默斯」(Cosmos)。) 但是，如果祭司的目的是製造秩序中的混沌，她還需要做選擇嗎？目的和選擇之間的關係又是什麼？

## 目的論、決定論、選擇與自由意志

夢境世界中的人與程式人（具有獨立人格的一組程式），對於世界的運作背後，有三種不同的信念：決定論 (determinism)〔限定論〕、目的論 (teleology) 與自由意志論（反決定論 (anti-determinism)）。

建構者（造物主）和梅洛賓基恩（機器與程式）是限定論者，他們相信「事出必有因」，一切事件（包括人類的行為）的發生，都已被其前因所限定；「有因必有果」，一定的原因，必然只能導致一定的結果。莫斐斯和許多小程式（如「關鍵人物」）則是目的論者，他們相信自己的存在乃是基於某個目的或使命。尼歐和祭司似乎相信自由意志的存在，相信「選擇」可以改變事件的因果歷程。

西方近代哲學傳統（包括笛卡兒和康德 (I. Kant, 1724～1804) 等哲學家），基本上認為物質世界的行為和

事件是「受限定的」，人則擁有自由意志，因為人有心靈，心靈獨立於物質世界。人的決定和行為不受某個在先的物質原因所限定。但是，我們隱隱然地感到自己的行為總是有一個「動機」(motive)，它似乎又出於某個目的(「目標」，甚至是「使命」)，「達成該目的」的動機就成為我們行為的「原因」。例如，某人想要「出人頭地」(目標)，這成為他「努力奮發」(行為)的動機。問題是，如果這個目的也不是你自己的決定，而是外在的神明或環境硬加在你身上的呢？

「鑰匙人」相信他之所以被創造，是基於某個目的，但是他無法改變那個目的，也無法選擇不同的目的。那個目的賦予他一定的義務與命運，使他無法逃避。他或許有作選擇的能力，但他只能在達成相同目的的不同工具或手段之間作選擇，他逃不開他最終的目的或命運。如果目的是某個外在的力量賦予他，他無法決定自己應該承擔哪一個目的，那麼他的人生就被目的所「限定」了。這算不算是另一種形式的「限定論」〔目的限定論〕？

莫斐斯也強烈地相信他有一個「使命」：找到救世主、引領救世主覺醒、依靠救世主來解放人類。這個使命給予莫斐斯幾乎一切行為的動機，使他對該使命義無反顧，但是，莫斐斯並不知道這個使命來自哪裏？是誰賦予他的？還是他自己的創造？如果不是他自己的選擇和創造，

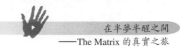

那麼莫斐斯和鑰匙人有什麼不同？

　　尼歐呢？在第一集中，尼歐不斷地在作選擇，他似乎體現了自由意志。第二集劇情揭露尼歐的救世主能力，其實也是造物主的刻意設計。尼歐別無選擇地被賦予一個「救世主」的使命，他要背負起全人類生死存亡的重擔。這樣的安排讓尼歐落入目的論的控制中了。但是，面見造物主之後，尼歐還是違逆了造物主賦予他的使命，他選擇反抗這個沉重的擔子——他選擇拯救崔尼蒂，而不是重建錫安。有趣的是，看似「背叛」的選擇反而打開了全新的局面，使注定要全面毀滅的錫安顯露一線生機。可是，要抓住這一線生機，尼歐必須為全人類背起十字架（在與史密斯的最後對決之後，尼歐呈十字形地被許多機械觸鬚抬起來，就是一個強烈的視覺意象）。這是否意味著，尼歐終究被他的「救世主使命」所限定了？不然。尼歐的最後結局，仍是他自己的選擇，他決心扛起「人類救世主」的使命。他從頭到尾的一切選擇都實現了「自由意志」的信念。

　　自由意志論與目的論的差別在於，自由意志者選擇自己的目的。至於為什麼他選擇了這個目的而不選擇那個目的呢？追根究底，唯一的答案只能是出於他自己的決定。儘管他的選擇總是會受到他的成長經歷、社會環境種種因素之影響，但並沒有任何外在的、固定的、最

高層次的、最終極的目的來限定他的選擇。反觀目的論者卻必須背負一個外在的、最高的、終極的目的，他無法選擇違背它。

主張人類擁有自由意志，就預設了我們的心靈至少有一部分不能被物質世界的限定律所限定，因此也不屬於物質世界。可是，如果人類像 The Matrix 的世界般，變成「桶中軀體」，心靈的一切（信念、欲望和意圖等等）都是電腦的灌輸，都由「夢境」來支配，所謂的心靈只是一組資訊，最終可以化約成電子訊號，這是否意謂著所謂的心靈世界，其實終究是物質世界的一環而已？換言之，世界的真相是「唯物論」(materialism)——一切都是物質。

如果唯物論（物理論）是真的，人的心靈只是物質的一種表現形式，世界的一切最終都可以由物理學來說明，人的心靈自不例外，因此也受到物質的因果律之限定，那麼人還能跳出限定的羅網嗎？人類還能保有自由意志嗎？還是自由意志終究只是個幻覺？可是，物理學的量子力學似乎又告訴我們，控制物質世界的並不是嚴格的限定論，而只是機率，因此一定的原因未必造成一定的結果。如此一來，似乎又為自由意志留下空間？

這一連串迂迴、反覆、看似夾纏的問題，我們沒有最終的答案。不管夢境世界會不會來臨，種種追問，都

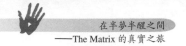

會隨著人類生命延續而與我們長相左右。

## 尾聲……

　　凡事有開端，必有終結。這是 The Matrix 系列常出現的一句話。本文亦然。我寫作，故我存在。但是，這一切的意義是存在於 The Matrix 系列電影中？還是我個人對於 The Matrix 的一場意義幻覺？

如果「上帝」的使者是「撒旦」，

而他降臨了……

——《童年末日》的人類終局

◆ 作　品:《童年末日》(*Childhood's End*)

◆ 作　者: 克拉克 (Arthur C. Clarke)

◆ 譯　者: 葉李華、鍾慧元

◆ 出版者: 天下 (2000)

一千年以後，撒旦要從囚禁中被釋放出來；他要去迷惑地上四方的國家……撒旦要把他們集合起來，出去打仗；他們的人數像海灘的沙那麼多。……但是有火從天上降下，吞滅了他們。那迷惑他們的魔鬼被拋到火與硫磺的湖裏去……在那裏，他們日夜受折磨，永不休止。

《新約聖經・啟示錄》第二十章

　　想像有一天，「撒旦們」從巨大的星艦中走了出來
⋯⋯

　　到地球來的「撒旦們」不是惡魔，他們沒有做任何
可怕的壞事。完全相反，他們是和平主宰，以無比的知
識力量、科技力量與對人類事務的全盤掌握，要求、指
導、監督人類邁向地球聯邦──一個烏托邦的大同世界。
事實上，他們是「復活的基督」。在主宰督導的短短歲月
中，人類達到一個前所未有的「黃金時代」⋯⋯

　　　根據所有古老的標準，這就是烏托邦。無知、疾
　　病、貧窮與恐懼，實際上都不存在了。關於戰爭
　　的記憶都已埋葬在歷史中，如同夢魘隨著曙光的
　　到來而消逝。

　　　人類把所有的精力都專注於建設性用途上，重新
　　塑造這個世界。這幾乎可以說是個名副其實的新
　　世界。⋯⋯（頁76）

　　　這是個大同世界⋯⋯每個人身邊都有終端機，都
　　可以在二十四小時內抵達地球任何角落⋯⋯（頁
　　80）

　　　犯罪率實際上等於零，作奸犯科既不必要也不可

能。當大家都擁有一切的時候，就沒有理由偷竊
了。更有甚者，所有潛在的罪犯都知道自己逃不
過凱洛倫的監督。在主宰統治的早期，為了維護
法律與秩序，他們做了有效的干預，而這教訓永
遠也不會被遺忘。（頁80）

屬於一時衝動的罪行雖然尚未根絕，但已幾乎沒
聽說過。既然許多心理問題皆已根除，人類已比
過去更清醒、更理性了許多。在舊時代被稱為邪
惡的行為，現在不過被當成怪癖——大不了說是
沒禮貌。（頁80）

然而，人類有史以來的「黃金時代」同時也是夕照餘暉
……

《童年末日》是一本哲理非常豐富的科幻小說，探
討了許多古往今來大思想家、大哲學家不斷在思索的重
要問題：烏托邦 (Utopia)（如果它真地來臨了，之後呢？）、
人性與超人性（或許不斷地在追求些什麼就是人性
……）、人類在宇宙中的位置（如果宇宙不屬於人類……
人類不是宇宙的中心）、原始神秘力量與理性聖人(主宰、
「撒旦」)的對比。這些可以總結成一個核心的大哉問：
「人類該何去何從？」（「人類的未來該往何處？」）

## 烏托邦，之後……

　　希臘大哲學家柏拉圖，與他的老師蘇格拉底 (Socrates, 468～399 BC)、學生亞里斯多德，並稱為「希臘三哲」。他們都生活在雅典城邦 (polis, city-state)，所以又被合稱為「雅典學派」(Athenian school)。三人所生活的時代，往往也被西方歷史學家稱為人類文明史上的「黃金時代」。然而，柏拉圖對「雅典城邦」並不滿意，他仍然不斷尋求心目中的烏托邦。他把所思所得寫成最知名的一本著作——《理想國》，本書描繪了柏拉圖心目中的完美國度。「理想國」有什麼樣的面貌呢？何以保證這樣的國度就是「理想國」呢？柏拉圖論證，一切要先從「國家」的組成開始。正如身體可分成頭、胸、腹三部分，心靈可分成理性、意志和欲望三部分，國家也可分成統治者、戰士和農工三種階級。身體和心靈都必須由其組成部分協調運作，個人才能達到和諧。同樣地，國家也必須讓每位國民都瞭解自己的角色和位置，才能運作完善。正如身體必須由頭部來指引、心靈由理性來指揮，國家也必須要由哲學家——又稱作「哲王」 (philosopher-king)——來統治。哲學家是理性的化身，國家的頭部。然而，哲王和戰士為了統治和保護國家，不

能享受家庭生活（也意味了不能生兒育女），也不能擁有
財產。

　　從現代的眼光來看，柏拉圖低估了人類社會與國家
政治的複雜性。（再偉大的哲學家都會有他們的時代侷
限。）「理想國」也許只適用於人類歷史發展中的某個階
段——如部落階段，最多幾千人共同生活，酋長則是啟
蒙後的哲學家。他運用理性裁決而非圖騰宗教來統治其
子民。但是，一個百萬、千萬、上億人口的現代國家呢？
有無數新穎的事物和科技產品，有種種複雜的人類交往
和互動、貿易與商業、資源與權力的分配，現代哲學家
是否有足夠的知識與能力來執行統治？就算是作決策，
現代哲學家是否能作得比一般政治人物更好，也不無疑
問。（所謂「三個臭皮匠，勝過一個諸葛亮」。）這是因為
現代哲學家也是人，也會有身為人的侷限和缺陷。

　　但是，如果理想國中的「哲王」不是人呢？

　　凱洛倫——地球總督，「撒旦們」的一員——其實就
相當於「理想國」之中的「理想哲王」。他雖然不像基督
教的上帝般絕對全知全善全能，但也差不多近乎此了。
他擁有人類永遠難以測知的科技力量和深淵如海的知
識，人類之於他們正如蟻螻之於人類，但他卻不會因此
而為所欲為，他的目的和使命，就是「正確地」使用力
量來幫助人類走向理想和平的大同世界。事實上，他幾

乎從不干涉人類的各種活動，只展示力量，令人類知道
為惡的後果根本得不到什麼利益。他甚至不需要事後的
懲罰，因為壞事完全無所遁形，他真正做到了中國古老
的諺語：「舉頭三尺有神明」。

　　烏托邦的確來臨了。

> 人類繼續生活在和平與繁榮中，彷如沐浴在夏日
> 午後的豔陽下。冬天會再來嗎？這是無法想像的
> 事。（頁 130）

> 根據統計，人類有將近四分之一的活動花在不同
> 的運動上。（頁 132）

> 若將五花八門的旁支都算進去，娛樂業是僅次於
> 運動的最大產業。（頁 133）

> 但是在消遣娛樂把地球變成巨大的遊樂場之餘，
> 仍有人會抽出時間，提出那個古老而從未有人回
> 答的問題：（頁 133）

## 我們該何去何從？

　　在不斷戰亂、貧困、動盪的歷史中，人類不斷幻想

出種種不同的烏托邦，也渴求烏托邦的降臨，但是烏托邦真的降臨之後，然後呢？人類就永遠滿足於這種平凡安逸的歲月嗎？

雖然知道反抗主宰是不可能也不明智的，但仍然有人嘗試走出不同的道路。一個建立「新雅典」社區的運動展開了。

> 在這個島上，我們試圖拯救人類的某些獨立性，像是藝術的傳統。我們對主宰沒有敵意，只是希望自己走自己的路罷了。當主宰摧毀國家組織，以及人類有史以來唯一的生活方式之際，也把很多好東西都一併掃除。世界現在平靜，毫無特色，而且是一潭文化死水。自主宰到來後，還沒有什麼真正的新發明問世。原因很清楚：已經沒有什麼值得奮鬥的了，更何況還有那麼多消遣娛樂。
> （頁 171）

是不是烏托邦反而造成人類的平庸？總有人會想突破現狀——超越自己的限制，包括體能上和心智上的。體能上的超越已被納為運動的一環，無時無刻不在發生之中。但心智上的呢？特別是藝術創作的表現。「藝術」是「新雅典」社區不甘馴服於平庸烏托邦而特別重視的

一個「突破點」。作者克拉克透過對此社區成就的介紹，
而構思了幾種有趣的新藝術形式：會隨著時間而慢慢改
變線條的雕塑、和真實影片有完全相同效果的動畫（注
意這一點，初版《童年末日》創作於 1952 年，1989 年
改寫再版，克拉克都預言了「像真實一樣」的電腦動畫
之實現）、以及「完全實境」的電影：使觀眾擁有多種不
同化身（甚至包括動植物），能身歷其境，最後還能保留
為真實的記憶（不只是《總體回憶》，即電影《魔鬼總動
員》中的虛擬記憶）。

　　這種不滿現狀、突破現狀的動力，就是人性──一
種「超越自己」的特性，我們也可以說這特性是人類的
「超人嚮往」（或「嚮往超人」），縱使人類永遠不可能企
及主宰的理智和能力的境界，但是人類「仍然要在主宰
面前表現出人類有足夠的進取心，而且還沒有完全被馴
化。」（頁 193）「島上每個人都有自己的雄心壯志，可以
簡單地歸納為要做點什麼，而且要能比別人做得好──
不管是多麼微不足道的事。當然那是一種理想，並非人
人都能完成。但在這個現代世界裏，最棒的事就是能有
個理想，完不完成倒不是那麼重要了。」（頁 197～198）

　　沒錯，即使身在「理想國」中，每個人仍然要擁有
自己的理想，然後努力去實現。這是超越面的人性，也
是「烏托邦之後，人類該走的道路。」但是，如果有那遠

遠超越人類之上的莫名力量呢?如果宇宙不屬於人類呢?
如果主宰不是真正的「上帝」呢?

> 這一個世代，人類獲得了有史以來最大的幸福，
> 這是「黃金時代」。但金黃也是日落的顏色、秋天
> 的顏色，而只有凱洛倫的雙耳，才能聽到冬日風
> 暴的第一陣哭號。(頁 165)

## 「宇宙不屬於人類」:「千禧年」和「末世論」的變貌

> 死既是因一人而來，死人復活也是因一人而來。
> 在亞當裏眾人都死了;在基督裏眾人也都要復活。
> 但各人是按著自己的次序復活。初熟的果子是基
> 督;以後在他來的時候，是那些屬基督的;再後
> 末期到了，那時，基督既將一切執政的、掌權的
> 都毀滅了，就把(人間之)國交與父神。因為基
> 督必要作主，直到神把一切仇敵，都放在他的腳
> 下了。最後所要毀滅的仇敵，就是死亡。
>
> 《新約聖經·哥林多前書》第十五章

在基督教的傳統裏，「千禧年」(millennium) 一直是基督徒堅定的憧憬與熱切的盼望。所謂「千禧年」是出於《新約聖經》（尤其是〈啟示錄〉中）的一個概念，它是說：總有一天耶穌基督將要復活，當他復活時，他會摧毀世界上的一切政權，然後統治人類一千年。在基督復活之際，所有的基督徒都會一併復活，在基督的統治下過著幸福快樂的日子——這一千年就稱作「千禧年」。不信基督教或者曾經做過壞事（被魔鬼引誘或者相當於崇拜撒旦）的人，則無法復活。同時，惡魔撒旦也將被囚禁一千年，無法在人間誘惑世人。但一千年後，也就是千禧年過後，撒旦將被釋放，他會開始到處作惡，圍困基督徒。然而上帝將降下天火，吞滅撒旦與其追隨者，他們都將被扔到火湖地獄中，受永恆的痛苦。在撒旦作惡被平定之時，也是「最後審判」的展開之日。所有人——古往今來死去的人——通通都要復活，根據他們生前的信仰和作為來接受審判。這一整套描述人類終局的理論又被稱作「末世論」(eschatology)。

《童年末日》其實是基督教末世論的巧妙地改寫。在基督教的最後審判之前，有撒旦作亂的「見證」；在《童年末日》中的人類終局，也是在「撒旦外觀的外星人」之監護下而發生。在最後審判之前，有復活耶穌的統治，人類（基督徒）生活在千年至福的烏托邦中；在《童年

末日》中，撒旦外觀的外星人幫助人類邁入一個前所未有的「黃金時代」——卻很短暫。在基督教的末世論中，人類最終受他們的創造主——上帝——的審判，或者在天堂享永生的幸福、或者在地獄受永生的痛苦。在《童年末日》的人類終局裏，人類的下一代（包括整個地球），被宇宙中一股莫名的力量——「智宰」(Overmind)——所吸收，而成為「祂」的一部分。這似乎是另一種形式的「永生」，但是人類不再是「人類」，而只是「冥冥智宰」的一部分：「人類不再孤獨」。

儘管《童年末日》是基督教末世論的變形，卻不是要傳達基督教的思想和主旨——完全相反，《童年末日》在質問：

## 人類是宇宙的中心嗎？

傳統基督教的思想，是一種最典型的「人類中心主義」(anthropocentralism)。也就是說，相信人類是宇宙的中心，是「造物主」最寵愛的創造物。上帝將整個宇宙（地球）都賜予人類。一切生物，天上飛的、地上跑的、海裏游的，都歸人類管轄。人類所生存的地球，位在宇宙的中心，日月星辰都繞著地球轉動。宇宙的一切，以人類為中心而運作。

　　然而，克拉克的《童年末日》卻是對這種「人類中心主義」的反動或嘲弄——「宇宙不屬於人類」，已經道盡了一切。人類只是一個莽撞、低劣、卑微的種族，如同「地球總督」凱洛倫所說：

> 對於處理自己這顆微渺行星上的問題，你們的種族表現得相當無能。我們抵達的時候，你們正因為科學進步所草率帶來的力量，處於將自己毀滅的邊緣。若是沒有我們的干涉，今天的地球恐怕已是充滿輻射線的廢墟。（頁 164）

在太空時代望向太空，人類首度發現地球雖美麗卻渺小。同樣在太空中回顧歷史，也令人感到：如果人類仍然自認為是宇宙的中心，所反映出來的，不過是人類妄自尊大的心理罷了！因此，基督教相信一位牧羊人之子耶穌是上帝之子，是人類的救世主，這種信念的潛意識，其實是「人類的救世主畢竟仍是人自己」。

　　既然反對基督教所蘊涵的「人類中心主義」，因此，儘管套用基督教的末世論之故事架構，克拉克卻拋棄了耶穌和救世主的角色與概念，反而以「撒旦形象」的外星人來扮演至善的「哲王」，引導人類邁向一個至福的烏托邦。這當然具有反諷和顛覆的意味，因為「撒旦」在

基督教的教義中，是十惡不赦的惡魔，要在火湖地獄受永恆的痛苦。有趣的是，克拉克也把這個「火湖地獄」形象移植到「主宰」們的母星故鄉。並安排唯一一位人類偷渡客，造訪主宰們的母星，透過他的眼睛來描繪主宰故鄉的景觀。這位偷渡客，甚至成為人類終局的唯一人類見證人，留下全人類的最後「遺言」。

撒旦外觀的主宰們，雖然擁有人類難以企及的知識、道德與能力，卻也無法隨心所欲、絕對自由，因為他們似乎只是「智宰」的工具或僕人。「主宰」的理性發展到頂峰，成為宇宙各原始種族的「哲王」——或者說更像是「助產士」，引導這些原始種族蛻變，融入「智宰」的冥冥力量中。哲王不能傳宗接代，不能享有家庭生活，他們是孤獨的個體，而且似乎必須在宇宙中流浪——從一個星球轉向另一個星球，不知要到什麼時候，也不知自己的未來命運和終局。

## 神秘傾向 vs 理性傾向：智宰 vs 主宰

在《童年末日》中，「智宰」和「主宰」的關係，仍然很像基督教的「上帝」和「天使」。天使也是上帝所造的，每個天使都是獨一無二的個體，能永生不朽，天使擁有純潔的理性。但是，天使沒有人類的種種感官和原

始生命。他們似乎也是為了救助人類和傳達上帝訊息的目的而存在。（莫忘了，撒旦最初也是天使，只因嫉妒人類受到上帝的寵愛，加上以為可以取代上帝的野心和貪婪，結果變成與上帝對立的惡魔。）人類最後融入「智宰」中（受到上帝的恩寵？），但「主宰」則不知自己的終局何在。他們以這樣的眼光來看待自己與人類：

> 你我兩種族有許多相似之處——所以我們才獲選來執行這項工作。但在其它方面，你我代表的是演化的兩個不同終點。我們的心靈已經發展到盡頭，你們的在目前型態中也一樣。但是你們可以跳進下個階段，這就是你我之間的不同。我們的潛能已經耗盡，而你們仍原封未動。經由某種我們無法瞭解的方式，你們的力量與我剛提到的那種力量相連結——如今這力量正在你們的世界中甦醒。（頁 225）

> 我們是你們的監護人，如此而已。……就像在我們在你們之上，還有其它種族在我們之上，把我們當成工具。……（頁 226）

> 一而再，再而三，我們研究著那些過程，希望能找出跳脫自身侷限的方法，但我們只瞥見了真相

的模糊輪廓。你們稱呼我們為主宰，卻不知這稱
呼多麼諷刺。……（頁226）

你們的種族被遺忘之後，你們的一部分仍將繼續
存在。因此，請別因為我們被迫去做的事而非難
我們。記住，我們永遠羨慕你們。（頁228）

「主宰」仍然有他們的許多未知與遺憾。

然而，「智宰」的角色雖然類似基督教中的「上帝」，
「它」卻也不是「造物主」，不是人格神。「主宰」猜測：

我們相信——但這只是一種理論——為了要擴張
力量與對宇宙的理解，智宰正試圖成長。現在它
必定已是許多種族的總和，而在很早之前，它就
擺脫了物質的宰制。……（頁226）

「智宰」類似一種「宇宙精神」或「宇宙魂」(cosmos soul)
——這個概念曾出現在柏拉圖的著作中。柏拉圖相信宇
宙的核心是「宇宙魂」，「它」是純精神性的，為整個宇
宙提供了理性的秩序。如此，人類依靠理性的思考仍可
以瞭解這宇宙魂。但是，《童年末日》中的「智宰」卻也
不是柏拉圖式的理性宇宙精神，反而是「神秘主義」的

宇宙精神，它不是單一均質的精神體，而是無數精神的
總和——一種「泛靈論」(pan-animism)，接近原始圖騰
宗教、薩滿教和東方宗教（尤其是印度教和佛教）的教
義——這些教義所包含的觀念又被稱作「原始思維」。

在原始圖騰宗教和薩滿教中，祭司或薩滿巫師，會
讓自己進入恍惚狀態中，藉此與宇宙間的神秘力量感通，
這股力量瀰漫在天地萬物之間，使巫者感受到自己與天
地萬物融而為一。印度教則有「梵我一如」的觀念，也
就是說：大梵（宇宙、神靈）和我是合一的，但是要瞭
解這個真理，必須通過某種獨特的修行方法。古印度的
苦修者，或者瑜珈行者，他們在野外森林中，衣不蔽體、
不吃不喝、忍受饑寒，其修行的目的就是為了獲得「與
萬物合一」的神秘體驗。這種體驗莫可名狀，難以言語
形容。

《童年末日》中的人類最後一代，就是三億個苦修
者，形成單一個集體力量。最後它們融入「智宰」：「我
雖無法瞭解，但已看到我的種族如何蛻變。我們的一切
成就都飛上了星際，也許古老宗教試圖表達的就是這個
吧。但他們錯了，他們還以為人類有多重要，事實上，
我們只是其中一個種族。……」（頁 270）「光！由下面
照上來的光——發自地球內部，向上照耀，穿過岩石，
穿過大地，穿過一切——愈來愈亮，愈來愈亮，眼睛都

睜不開了……」（頁 270）

其實，「智宰」和「主宰」仍然是人性兩面的投射：智宰象徵人性的「神秘傾向」那一面（原始思維與宗教意識）；而「主宰」象徵了「理性傾向」那一面（哲學、科學與道德意識）。克拉克透過「最後一人」傑恩的心思描述如下：

因為通往群星間的路往兩個方向分歧，而不管是哪一條，都無法照顧全人類的希望和恐懼。（頁254）

其中一條的盡頭是主宰。他們保有個體性與獨立自我……他們有感情，其中至少有一部分和人類的感情相通。但他們被困住了……他們被困在永遠無法逃離的死胡同。……他們同樣無助，同樣會被擁有千億顆恆星的銀河系所淹沒……（頁254）

而另一條路的盡頭呢？那兒是智宰。它與人類的關係，就像人類與變形蟲的關係一樣。它有可能無極無限，且超脫生死界限。它在群星間擴散，一個又一個吸收其它種族。這樣已經有多久了？它是否也有欲望，也有可以隱約感知卻永遠無法

達成的目標？現在它已經把人類所有的成就吞沒
了。這並不是悲劇，卻是一種成就。……（頁
254～255）

這似乎暗示了「神秘傾向」和宗教，或許是人類的
最終結局？ ——既不樂觀也不悲觀？

克拉克對嗎？或許。但是，假定神秘傾向與宗教意
識才能使人類超越生死，取得某種「成就」，前提卻是「宇
宙泛靈之類東西真實存在」。然而，人類在這方面無法得
到肯定的答案，也無法主動蛻變成類似的宇宙泛靈，只
能被動地等待「恩寵」。相反地，「主宰」所象徵的理性
傾向，乃是昭然明確的道路。或許他們仍有限制與遺憾，
或許有一天仍會被銀河群星所淹沒，但是他們往來於宇
宙之間，傳達和平與寬容。他們仍是人類的最佳模範。

# 穿越銀河的兆億心靈

## ——《基地》中的歷史哲學

◆ 作　品:《基地》(*Foundation Trilogy [I]: Foundation*)
◆ 作　者: 艾西莫夫 (Isaac Asimov)
◆ 譯　者: 葉李華
◆ 出版者: 奇幻基地 (2004)

哈里・謝頓……生於銀河紀元一一九八八年，卒於一二零六九年。……

　　謝頓一生最大的貢獻，無疑是心理史學的開拓。當他剛接觸這門學問時，心理史學只是一組含糊的公設。而在謝頓手中，它成為一門深奧的統計科學……

規模浩大、氣勢磅礴的《基地》，由大科學家謝頓創建的「心理史學」，預測銀河帝國的衰敗趨勢而開場。

銀河帝國 (Galactic Empire)，距今約二萬年後，乃是一個人類向外太空擴張、殖民宇宙數千年後的龐然巨物，統治了二千五百萬顆以上的住人星系，總人口數在謝頓時代達到數千兆之眾。其首都乃是靠近銀河中心的川陀 (Trantor)，一個行星級的人工改造世界，地表完全覆蓋巨大的金屬建物，從地底數哩深一直延伸到地表上空半哩處，總居民數四百億人，幾乎都是帝國的行政人員。川陀是帝國的中樞、帝國的心臟。每天都有數以萬計的太空船隊，載送來自二十個農業世界的糧食……透過《銀河百科全書》（端點星發行）之名義，我們在《基地》中讀到這些巨大的數目，它們交織成《基地》的空間場景，為我們的想像力帶來一幅難以喘息的圖像。有史以來，沒有任何人類故事可以在如此龐然的背景中上演，《基地》無疑首開先河。艾西莫夫深諳「數大就是美」的藝術心理，把我們的思緒引向無邊遼闊的時空中。

這個龐大無匹的銀河帝國，實行王朝統治已有一萬二千年之久。它帶給數以千兆人民長期的繁榮與和平，然而王朝體制衰敗傾覆的病根，早已在帝國體內萌芽，卻隱藏在榮華富庶的表象之下。病灶一旦蔓延全身，不僅銀河帝國將覆滅分裂，致使握有軍權的野心家互相攻

伐，連帶使得平民遭受連年戰亂，生靈塗炭；更嚴重的
是，人類文明也將倒退回到黑暗時代——可能長達三萬
年！可是，沒有人能洞悉繁華富麗底下的致命病根，也
沒有人能、甚至敢預見銀河帝國的覆滅，人類文明的崩
塌——除了大科學家哈里·謝頓 (Hari Seldon)。

謝頓，這位「基地系列」的傳奇科學家，發展了一
套以統計數學為基礎的科學理論，稱作「心理史學」，可
用以說明和預測人類社會的趨向——它其實是一個「數
學社會學理論」(mathematical sociological theory)。

> 心理史學，……它專門處理人類群體對特定的社
> 會與經濟刺激所產生的反應。……在各種定義中
> 都隱含一個假設，亦即作為研究對象的人類，總
> 數必須大到足以用統計方法來處理。……此外還
> 有一個必要的假設，就是群體中無人知曉本身已
> 是心理史學的分析樣本，如此才能確保一切反應
> 皆能真正隨機……（《基地》，頁 42）

雖然很難想像帝國式的王朝統治制度能夠做到這一點。不
過，這個設定顯然脫胎於羅馬帝國統治西方世界（環地中海
世界）上千年的歷史，再加以拉長十倍。

謝頓解出自己導出的公式,並解釋其中符號數值的意義,他預測銀河帝國將在未來的兩三百年內覆滅,緊跟著是三萬年的黑暗時代。然後才會有第二個新興的統一政體興起,人類才能回歸原有的和平與繁榮。謝頓試圖力挽狂瀾,他根據心理史學的計算,籌思改變當時歷史走向的一小環節,以便能將三萬年的黑暗時代縮減為一千年。他規劃建立了兩個「基地」,一個在端點星,另一個在「銀河的盡頭」。基地系列的故事也隨之展開。

## 預測未來?

在漫長的歷史上,預測未來無疑是根植在人類生存本能與需求上的動機。人類強烈想知道、也需要預知未來有什麼事發生,以便預作因應,避開災禍。卜卦、占星、算命、預言、看相……等等,甚至科學本身,莫不是出於相同的心理動機。就自然科學而言,人類已經能掌握許多自然現象的規律性,因而能精確地預測自然現象的未來變化和發生時間。自然科學發展到與社會相距遙遠的某種雨林昆蟲的生活史,甚至悠久的宇宙誕生歷程,科學家幾乎都能使我們有相當完整的瞭解。可是,科學家能讓我們準確地預測何時會發生戰爭嗎?何時經濟將開始衰退?一個國家何時會滅亡?動亂何時爆發?

文明從何時開始復興?這些與人類社會切身相關的問題,
我們卻全然無法回答。難道人類注定永遠如同黑格爾
(G. W. Hegel, 1770～1831) 所言般「歷史給我們的唯一教
訓是,人類從來不能從歷史中記取教訓」?難道人類就注
定必然在悲劇錯誤中一錯再錯?難道人類永遠無法如預
測自然現象般地預測社會現象?就算不能達到自然科學
小數點以下數位的精確度,難道連一個機率的預測也不
可得?「心理史學」挑戰上述疑問。

　　我們可以像發現或建立自然科學定律一樣地「發現
或建立」歷史定律嗎?人類社會、國家和文明的演變 (即
人類的歷史),有固定的模式和規律可言嗎?就算歷史有
規律和模式可言,我們能找得到嗎?一旦我們發現歷史
定律,可以用它來預測人類社會的未來趨向嗎?甚至有
可能預測歷史事件嗎?傳統上,歷史學一直屬於重視特
殊性的人文學領域,可是,如果歷史學研究的對象——
歷史——也可以找出通則性、一般性和規律性,並進行
預測,那麼歷史學是否因此就蛻變成一門科學?如果歷
史學成為一門科學,並可以精確地預測未來,是否意味
著不管我採取什麼樣的行動、做出什麼樣的選擇,未來
的「命運」都已固定,一切都不會改變?個人一切的努
力、奮鬥、掙扎終將徒勞無功?

　　謝頓創建的「心理史學」——其實也就是艾西莫夫

的歷史哲學構想——企圖回答上述問題。

　　「基地三部曲」第一部《基地》是由五篇短篇故事組成的。分別為〈心理史學家〉、〈百科全書編纂者〉、〈市長〉、〈行商〉、〈商業王侯〉，每一篇都象徵了西歐歷史發展的轉折與新階段；也問了它自己的獨特問題。〈心理史學家〉問的正是「預測歷史的可能性」這個典型的歷史哲學問題。

## 科學或預言？

　　在人類歷史上流傳著各種預言未來的嘗試。西方有具宗教意味的末世論、《聖經》中古老的〈啟示錄〉、文藝復興時期的西方預言家；中國則有漢代的讖緯之術、

心理史學可以說是艾西莫夫個人的「歷史哲學觀」，因為艾西莫夫並未真正發展出「心理史學」這門應用統計數學的科學理論。在人類思想發展史上，哲學往往是科學的先聲。艾西莫夫後來提到有科學家也提議了類似心理史學的觀念。見艾西莫夫談個人創作的雜文  "Psychohistory"，收於他的科幻與雜文作品集 *Gold: The Final Science Fiction Collection*, Nightfall, Inc., 1995, pp. 222～227。

民間寺廟中的籤詩、明代的「推背圖」等等，可說源遠流長。這些預言以含糊的語言、隱晦難解的文字、詩意的象徵，從事著人類命運的揭露。由後見之明來看，有些預言據說「很靈驗」。如果我們問：這些預言背後的理論基礎是什麼？根據什麼理由、規律或方法，預言家能夠做出這樣的預言？答案不外乎神啟、夢境、直覺等等。問題是，如果想要避開某些不幸的、不欲的未來，想對人類命運有更完善的籌畫，我們能夠把希望寄託在這類預言上嗎？

　　科學，其實也是人類創造來預測（言）未來的工具。科學預測自然現象的變化，從最古老的天文學預測天體位置開始，一直到今天，人類可以準確地預測大到宇宙的膨脹速度、小到次原子粒子的軌跡。科學預測準確無匹到令人難以置信的地步。它所憑藉的究竟是什麼？一個答案是：因為科學準確地掌握了自然的規律性，也因為自然物質本身的行為就是規律的。可是，一旦把焦點投向變動莫測的心靈領域，以及由許多心靈組成的人類社會，情況就不是那麼容易。

　　人類的決定與行為，大致起因於各種心理動機。科技能夠預知一個人的心理動機嗎？《基地》故事想像某種心靈探測器，可以探知某人心中的想法。可是，這種科技無疑會引發「侵犯隱私」的嚴重道德問題。預知未來

的合理之途在於預測人類群體或社會的趨向。重點在於，人類個體和群體的行為反應，是否存在某種可尋可掌握的規律性？歷史乃是人類社會的群體行為之記錄，歷史會呈現出規律性嗎？如果說，科學的目標在於掌握事物的規律性，並據以預測未來，那麼科學可以被用來研究人類社會的歷史嗎？換言之，我們有可能對歷史進行「科學的研究和預測」嗎？在回答這樣的問題之前，我們必先知道自然科學是如何作預測的，而這又必先知道科學是如何作說明的。

自然科學的一個基本目的在於說明（或解釋）為什麼會有某種自然現象。人們問：為什麼這自然現象會如此出現？什麼原因讓它發生？科學家在探討之後提出的答案就是一個科學說明。例如我們問：為什麼冰塊會浮在水上？一個答案是：因為所有密度比水小的物體都會浮在水上，又冰塊的密度比水小，所以冰塊浮在水上。讓我們把它寫成論證的格式：

前提一：所有密度比水小的物體都會浮在水上。
前提二：冰塊的密度比水小。
結論：所以，冰塊浮在水上。

我們發現其中的前提是一個定律，表達某種規律性

（如果一物體的密度比水小，它就會浮在水上），前提二則是一個事實，由前提一和前提二我們演繹出結論。這結論就是我們要說明的現象之描述。現在問題是：是否所有的科學說明都有這樣的邏輯結構呢？科學哲學家韓培爾 (C. G. Hempel, 1905～1997) 認為是的。他使用一個抽象的格式來表達所有科學說明的邏輯結構：

　　普遍定律： $L_1, L_2, ..., L_n$
　　先行條件： $C_1, C_2, ..., C_m$
　　結論： E

其中，E 由普遍定律 $L_1, L_2, ..., L_n$ 和先行條件 $C_1, C_2, ..., C_m$ 聯合演繹出來。韓培爾的觀點又被稱作科學說明的「涵蓋律模式」(Covering law model)。如果其中的 E 描述的是尚未發生的現象，這時我們就是在作科學預測。例如，已知浮石的密度比水小，則我們可以預測把這塊浮石丟入水中，它將會浮在水上。換言之，科學預測與科學說明有相同的邏輯結構。

　　可是，科學也常使用統計性的推論，例如：

　　統計定律：75% 的肺癌病患有抽煙的習慣。
　　先行條件：阿土有抽煙的習慣。

結論: 阿土有 75% 的機率會罹患肺癌。

這時, 我們乃是預測阿土罹患肺癌的機率是 75%。韓培爾同意這是另一種科學說明和預測的模式, 稱作「歸納統計模式」(Inductive statistical model)。

上述的說明與預測模式似乎告訴我們: 如果我們能找到某種現象出現的規律性, 一旦先行條件滿足了, 我們就能預測該種現象會發生。人類社會的歷史現象也不例外。《基地》想像的未來大科學家謝頓, 無疑找到了歷史現象的定律 (規律性)。掌握了歷史定律再觀察當前的局勢是否吻合必要的先行條件, 謝頓就可以預測未來的歷史。「心理史學」因此是不折不扣的 (歷史) 科學, 而不是神秘的預言。

問題在於: 可能有所謂的歷史定律嗎? 如果有, 那又是一種什麼樣的定律?

## 科學定律

謝頓預測銀河帝國衰亡的訊息, 傳到當權的高級貴族們的耳中。他們認為謝頓危言聳聽、惑亂人心、甚至聚眾意圖不軌, 因此逮捕他, 進行秘密審判。結果是謝頓被流放到端點星——銀河邊緣的一顆孤獨的小行星。

可是，這一切事件都是根據心理史學計算而來的計畫。甚至此後端點星、川陀、帝國二百多年的命運都就此而被決定了。

> 各位大人，帝國的覆亡是一件牽連甚廣的大事，可沒有那麼容易對付。它的原因包括官僚的興起、階級的凍結、進取心的衰退、好奇心的銳減，以及其它上百種因素。正如我剛才所說，它早已悄悄進行了數個世紀，而這種趨勢已經病入膏肓、無可救藥了。（《基地》，頁58）

> 心理史學不但可以預測帝國的覆亡，還能描述接踵而來的黑暗時代。各位大人，如同檢察長所強調的，帝國已經屹立了一萬兩千年。其後的黑暗時代將不只這個數字，它會持續三萬年。然後「第二帝國」終將興起，但在這兩個文明之間，將有一千代的人類要受苦受難。我們必須對抗這種厄運。（《基地》，頁59）

　　像心理史學這樣一門具有強大威力的科學，其實際存在的可能性如何？對這問題的答案當然是肯定的，而且關鍵就在於人類歷史是否存在規律性，以及人類是否

能找到歷史定律。

　　定律表達現象的規律性。規律性即是某類型現象重覆地出現。可是,「重覆出現」的類型有很多種,我們至少能歸納出下列: (A)屬性律 (attribution law): 某種類型的成員重覆出現某屬性 (如所有的銅都能導熱);(B)生成律 (generative law): 某類型的事件總是會生成另一類型的事件 (如熱帶性低氣壓會生成颱風); (C)共變律 (covariance law): 某系統的幾種量度會同步變動(如波以爾氣體定律「壓力乘以體積再除以溫度等於常數」,即密閉氣體的壓力、體積和溫度會同步變動); (D)週期律 (periodical law): 有某種行為或狀態每隔一段固定時間重覆出現 (如地球約每 365 天繞太陽一周);(E)階段發展律 (developmental law of stages): 有某種類型的成員都會經歷幾種固定的狀態 (如蝴蝶從卵變成毛蟲、再變成蛹、最後成蟲); (F)發展律 (developmental law): 有某系統從一定的初始狀態開始經歷一段固定時間後一定會變成另一個固定的狀態 (如自由落體從零的初速開始,經十秒後的速度一定是每秒 9.8 公尺)。我們注意到(D)、(E)、(F)三種重覆類型都涉及了時間變動,如果它們的初始狀態都會限定 (或決定) 其後的各種狀態,則它們又都是一種「限定律」(或決定律) (deterministic law)。

　　很多自然定律,其實就是描述物質系統的歷史演變

之規律性。如果人類的社會也能被看成是一個（社會）系統，而且也存在有某種隨時間（歷史）演變的規律性，那麼人類社會就有歷史定律可言。一個很簡單的初步考察就可以證實這一點。例如我們從過去的歷史課本中知道幾乎所有的國家（或朝代）都經歷了誕生、崛起、強盛、衰落、滅亡這幾個階段，有些國家的壽祚長，經歷的各階段相對地長而可辨識；有些國家壽祚短，經歷的各階段也相對地短而不明顯。可是這和蝴蝶一生的階段發展規律有何兩樣呢？或許不同的只是「崛起、強盛、衰落」等階段不似「幼蟲、蛹、成蟲」般截然分明，各階段耗費的時間變動不定；此外我們對於究竟是哪些因素造成崛起、強盛、衰落可能也沒有清楚的知識。但毫無疑問的是，人類的社會組織確實會顯現出規律性。

　　歷史定律，就是人類社會系統的各種狀態，在經歷時間中產生的規律性演變。「崛起、強盛、衰落」是政治狀態；「擴張、繁榮、萎縮、蕭條」是經濟狀態；「原始、成熟、高度精緻等」或許可以用來描述文化狀態。因此，利用歷史定律來預測，也是預測某一社會的各種社會狀態。例如，我們可能建立如下的歷史科學的說明：

　　定律：如果一國家連續五年經濟負成長，而且外國
　　　　　投資連續五年負成長，則此國家將步入二十年長

期蕭條。

先行條件：A 國出現連續六年經濟負成長，外國投
　　資連續五年負成長。

結論：A 國將步入二十年長期蕭條。

進而，我們預測歷史的興趣在於，我們想知道從何時起，
一個社會開始步入某種狀態中？正如謝頓準確地預測帝
國首都川陀在未來三百年內會遭到大浩劫、銀河帝國將
步入黑暗時代三萬年。要達到這一點，根據先前的科學
預測之結構，我們必須知道一種狀態出現的先行條件是
什麼。謝頓顯然已做到了，而且他能夠利用數學函數來
推算這個狀態到下個狀態之間的軌跡。可以想像的是，
他的「心理史學」當然遠比上述的簡單例子要複雜許多。

　　可是，這並不意味謝頓和心理史學能夠準確地預測
「歷史事件」——甚至我們可以肯定地說沒有任何一門
學問能夠準確預測歷史事件——雖然命理師堅持他們可
以預言某個人未來的某個遭遇，而這正是「歷史科學」
和算命術截然不同的地方。心理史學或任何歷史定律都
不能用來預測某個二十年後的總統大選，哪個人會選上
總統；不能預測某某政要被暗殺，導致多國之間的戰爭；
也不能預測某某公司在二十年後會發生一起商業間諜訴
訟案等等。因為這些都是特殊性的歷史事件，有特定的

個人或團體、特定的行為、特定的時間和空間；它們並
不是整個社會系統產生的狀態。社會狀態是成員群體集
體顯現的行為傾向之總和，例如「經濟榮景」是多數個
人的生產、消費和交易次數比常態狀態下更多。然而，
個人的遭遇總是牽涉到自由意志的選擇與偶發的意外，
這使得預測個人命運成為極端不可能的事。艾西莫夫雖
然不免地描述了「預料」個人遭遇的情節：

> 蓋爾坐下來，用冒汗的手撐著頭。「我很瞭解心理
> 史學是一門統計科學，預測個人的未來不會有任
> 何準確性。我現在心亂如麻，才會胡言亂語。」
>
> 「可是你錯了，謝頓博士早已料到今天早上你會
> 被捕。」(《基地》，頁51)

然而，與其說「預料蓋爾被捕」是由理論計算而來的「預
測」，不如說它只是觀察一定行為而導致的一定反應所下
的推論：

> 「……根據研判，假如現在就讓衝突升到最高點，
> 會對我方最有利。可是委員會的步調似乎慢了一
> 點，所以謝頓博士昨天去找你，迫使他們採取進

一步的行動。沒有其它的原因。」(《基地》，頁 51)

除此之外，我們對於同時代的人物與行為，往往可以透過觀察歸納而作出合理準確的預測，毋需任何理論。可是對於後代人物，我們完全沒有任何資訊，也就毫無預測能力。正如謝頓固然能預測五十年後基地將遭遇第一次危機，但他不可能預測出當時的領導人是塞佛・哈定。總而言之，我們必須區分「歷史事件」與「社會狀態或歷史狀態」，只有後者才可能是科學歷史或歷史定律的預測目標──而這也是科學和神秘預言不同的地方。

## 歷史限定論

「當時就安排好了，五十年之後，你們的行動會變得沒有選擇的自由。從現在開始，直到未來許多世紀，你們的未來都將是必然的歷史路徑。你們會面臨一連串的危機，如今的危機就是第一個。今後每次面臨危機之際，你們所能採取的行動，也會被限制到只有唯一的一條路。」(《基地》，頁 107，謝頓講話內容，在「基地」創建五十年後於穹窿播映。他在五十年前就預先錄製了這段講

話。）

「我們必須這麼做——因為未來並非虛無飄緲。
謝頓已經計算並描述得很清楚。他已經預先測定
未來將連續不斷發生的危機；每一次危機，多少
決定於上一個危機的圓滿解決。目前的危機只是
第二個，天曉得倘若稍有偏差，最後會造成什麼
結果。」（《基地》，頁 128，節錄自哈定與派駐安
納克里昂教長維瑞索夫的對談。）

在《基地》中，心理史學不斷如上列引文般地被描
述，「限制」、「唯一」、「被決定」等字眼的使用，讓心理
史學就像是一個限定論的理論——也就是說，心理史學
中的歷史定律，可能都是限定律。

什麼是限定論 (determinism) 和限定律？

一個系統，擁有一組相互關連的變項，並構成一個
規律的（反覆出現的）模式。如果在任一時刻，為每個
變項指派一定的數值，構成此系統的初始狀態，則任何
時刻，此系統的狀態都將被限定（被計算出來），此規律
模式即為限定律。利用限定律，我們可以準確地預測系
統未來某時刻的狀態。因此，如果一個理論主張某種現
象（自然現象、歷史現象和社會現象）在理論上是被上

述的限定律所規律 (regulated) 者（不管人類是否能找到這樣的限定律），即稱作「限定論」。如果反對該現象被這樣一種限定律所規律者，即是「反限定論」(anti-determinism)。牛頓 (I. Newton, 1642～1727) 力學和愛因斯坦 (A. Einstein, 1879～1955) 的相對論都是一種限定律，他們的理論都可以準確地預測物質的軌跡（由位置和動量來界定），他們也都主張物質（運動）現象的限定論。量子力學卻是一種非限定律，因為海森堡不確定原理 (Heisenberg's uncertainty principle) 宣稱次原子粒子的位置和動量兩者無法同時被限定。如果你準確地限定動量，粒子的位置就無法確定；如果你限定位置，動量就變得不可預測。既然次原子粒子的整體狀態必須同時納入位置和動量，那麼次原子粒子的整體狀態就變成不可限定、也不可預測。很多量子力學家如玻爾 (N. Bohr, 1885～1962)、玻恩 (M. Born, 1882～1970) 和海森堡 (W. Heisenberg, 1901～1976) 等人都是反限定論者。愛因斯坦則支持物理定律的限定論，因此他認為量子力學不完備，它不能建立限定律。

心理史學雖然使用統計函數，但它仍然像是一種歷史限定論。即如果知道歷史某一時刻的初始狀態，根據已建立的歷史演變規律，我們可以準確預測出未來某時刻的歷史狀態。讓我們使用一些抽象的符號和圖示來描

繪一個可能的歷史限定論之數學理論系統：

其中，$S_1$ 表示 $t_1$ 時的初始狀態，由 $x_1, x_2, ..., x_m$ 諸變項來表示；$S_n$ 表示 $t_n$ 時的狀態，由 $y_1, y_2, ..., y_m$ 來聯合表示。$a_1, b_1, ..., z_1$ 是已知數值，構成 $S_1$ 的具體狀態，透過限定律，我們必定可計算出 $S_n$ 的具體狀態之各數值 $a_n, b_n, ..., z_n$。而定律可表為 $S_n = f(S_1)$ 即 $t_n$ 時的狀態等於 $t_1$ 時的狀態之函數。而這個狀態函數可以表達為一組聯立方程組，即

$$S_n = f(S_1) \begin{cases} y_1 = f_1(x_1) \\ y_2 = f_2(x_2) \\ \vdots \\ y_n = f_n(x_n) \end{cases}$$

其中各方程式乃是一般函數或統計函數（或機率函數），而且彼此間有計算上的關聯。

根據這樣的抽象架構，我們就可以回答：「為什麼當危機來臨時，只剩下唯一一條路可走」這個問題。我們面對將來臨的 $t_1$ 時，其社會狀態的各種變項之數值都已知，只剩下某一變項未知。既然心理史學可以推算出歷史正確之路，亦即可先設定未來的 $t_n$ 時的一切變項之數值（構成 $S_n$），利用 $t_1$ 時的已知變項之具體數值（構成 $S_1$），計算出 $t_0$ 到 $t_n$ 的時間間隔，再根據 $t_n$ 的狀態數值，逆推 $t_1$ 此時此刻的各變項之值，就可以得到該唯一未知數值是什麼。這個唯一未知的數值決定了唯一該採取的行動或方案。「基地」初期的英雄人物哈定和馬洛就是能洞悉此一行動方案的人物，但他們的洞悉只是隱約模糊的把握，而不是明確的計算。

## 馬克思的歷史唯物論

馬克思主義的歷史唯物論 (Marxist's historical materialism) 是一種非數值性的歷史限定論的主張。馬克思 (K. Marx, 1818～1883) 主張人類的社會制度會受到某種階段性的限定律所規律：即人類社會的歷史進程將從原始共產主義社會、封建社會、資本主義社會，發展到社會主義社會和共產主義社會。這也是一個「階段發展律」的定律類型。馬克思論證封建社會是一種小農莊

園體制，因為貿易開始發展，人們會自然追逐最大利潤，累積資本。資本的累積使封建地主轉型為工廠老闆，促進大量生產，因而占有和壟斷市場，造成資本主義興起。資本主義社會因為追求利潤極大化，要搶占最大市場，資本家彼此會互相併吞，最後擁有資本的人越來越少，大多數人都淪為無產的勞工，被少數資本家所剝削。因為無產階級的數量會越來越多，終於因階級意識起而反抗資產階級，爆發革命。勞工的人數眾多，革命必定成功，新成立的政權會將資本家的生產設備收歸國有，實施平均分配，就此邁入社會主義階段，最後再慢慢取消私有財產，達到「各盡其能，各享所需」的共產天堂。很明顯的是，原始共產主義社會、封建社會……等等都是人類社會的整體狀態之描述。

　　儘管馬克思不能使用明確的數學函數來形構他的理論，但是他主要考慮的是人類社會的經濟體制系統，其中也有「生產力」、「利潤」、「勞工」、「資本」等幾個明確變項來代表諸種狀態。進而，馬克思不僅提出一套人類歷史的限定論（馬克思主義），也組織共產主義運動。他認為人類的主觀意志無法改變歷史的進程，但可以縮短它的發生時間，因此資本主義注定要崩潰，人類注定要邁入共產社會，反共產主義無法阻擋歷史洪流，也無法抗拒共產社會的降臨。然而，還是要成立共產黨，並

發起共產主義運動的原因是，這運動可以促成社會主義
和共產主義提前來到。

　　看到這兒，你是否恍然大悟?《基地》所描述謝頓和
他的心理史學，以及他所組織的「基地」和「基地」的
發展歷史（如「端點星」和四王國的關係），就像是馬克
思的政治經濟史理論，而謝頓本人像馬克思，「基地」像
國際共產組織。另一方面，基地和四王國的政治經濟關
係也有點像是從封建社會（利用宗教來控制四個封建王
國）發展到資本主義社會（行商的貿易開拓）。

艾西莫夫在 1950 年創作《基地》內的幾個短篇故事，當時的蘇聯共
產黨推行全球革命，尤其 1949 年中國共產革命成功，國際共產運動
欣欣向榮，全球有許多知識分子都紛紛寄予厚望。共產主義運動從發
起到革命初期確實是懷抱一個崇高理想，也根據馬克思的歷史唯物論
來指導運動。雖然從今天的後見之明來看，源自十九世紀末的共產運
動失敗了。但是，這無法抹殺 1950 年代時共產運動的美好榮景與展
望。艾西莫夫的基地系列創作於不同的時期，而且都隨著當時全球思
潮的演變，把各種人類理想社會的想像或提議或理論融入他的小說創
作中。如基地系列第三冊中的社會工程學；八十年代創作的《基地邊
緣》和《基地與地球》中的蓋婭假說還有混沌理論等。

## 孔恩的科學哲學

孔恩 (T. S. Kuhn, 1922～1996) 的科學哲學是另一個非數值性的「歷史限定論」例子。孔恩從科學史的研究中發現，所有的科學（天文學、力學、化學、熱學、光學、電學、生物學等等）都會經歷階段性的發展。任一個研究領域在一開始必定處於前科學的階段，有許多理論互相競爭，它們往往帶有濃厚的形上學色彩。後來有一個理論脫穎而出，吸引了大多數研究者的支持，紛紛利用它來解決各種特定的問題，並取得極大成功，於是該研究領域正式步入「常態科學」(normal science) 的階段。這個成功的理論也成為一個「科學典範」(scientific paradigm)。科學典範持續指導研究與擴張版圖，研究者（此時可稱為科學家）則進行著「解謎活動」。常態科學下的科學家往往會產生把典範理論應用到每一種現象上

孔恩的《科學革命的結構》(*The Structure of Scientific Revolution*) 被譽為二十世紀下半葉影響力最大的一本學術書籍。有中譯本，為程樹德、傅大為等合譯。

的強烈企圖，但是他們終究會碰到異常難解的謎題，也就是說，無法用典範理論來說明的現象，這類謎題或現象就稱作該典範的異例 (anomaly)。異例長期不得解決，就會造成原典範理論的危機，科學家會開始懷疑該典範，他們會嘗試尋求其它新的理論來解決該異例。一旦有一個能解決異例的新理論被提出來，它又能解決舊的典範理論已解決的許多問題，這個新理論就可能得到新生代的科學家之支持與投入，此時新舊理論展開激烈競爭，哲學（形上學的、方法論的）爭議成為此時期的主要活動，當支持舊典範的老一輩科學家一一凋零時，新理論取得支配性的地位，成為一個新典範，主導一個新的常態科學研究。科學，就是這樣地不斷重覆階段性的規律發展之一項事業。讓我們把上述描繪為下列圖表：

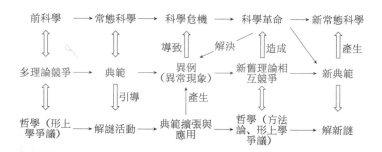

這些科學的演變環節（階段）環環相扣，每個階段決定了下個階段的產生與展開，因此這套科學階段性地規律演變的圖像也可以被歸屬於限定論。在這套限定論之下，科學革命不再是由天才所發動。即使沒有這個天才，仍然會有另個天才取而代之，科學革命必然會出現，而天才不過是革命的產物而已。換言之，是「時勢造英雄」，而不是「英雄造時勢」。

## 歷史限定論與自由

歷史限定論對部分人而言有很大的吸引力，它讓歷史成為可控制、可操縱的東西。可是，對某些人而言，它也很容易產生一些驚疑：如果我們的未來都已經被限定了，那人類還有行為的自由可言嗎？在歷史限定論之下，所謂的「自由意志」還有什麼意義？個人是否已淪為時代洪流中的浮木，不管再怎麼努力，也絲毫無法扭轉歷史的走向？這些疑問其實是兩個不同的問題。

首先，歷史限定論和自由意志是否互相衝突？這個問題我們可以立刻回答：不會。因為歷史限定論考慮的是某個系統（如社會的經濟體制或政治體制或者政治經濟體制）被某種歷史限定律所控制，而不是個人。被限定、被考察、被衡量的是社會系統的狀態，而不是任何

特定的歷史事件。個人仍然可以根據他的自由意志而行事，但單個個人的自由意志和努力，幾乎無法改變這個巨大系統的歷史發展進程。所以，真正的問題在於：個人的決策 (decision) 與行動 (action) 是否能改變歷史的演進過程？尤其是位高權重的領導人，一個正確的決策和一個錯誤的決策，對於歷史的走向而言，完全沒有任何差別嗎？

個人的決策和行為對歷史進程的決定性有多大？一個重要的人，在某個關鍵時刻，所採取的決策與行為，對歷史發展的決定性是如何？這個人的個性、性格、意志、動機和目標是否會影響歷史發展的走向？例如，如果臺灣的政治發展也受到一個歷史限定律的控制，那麼臺灣是否必然會從威權統治轉型為民主政治？是否必然將產生政黨輪替？如果當初沒有李登輝，臺灣是否依然會轉型為民主政治？如果沒有陳水扁、宋楚瑜和連戰，是否依然會產生政黨輪替？

## 個人行為與歷史限定律

在端點星的基地創建之前五十年，它的官方名義一直是「百科全書第一號基地」，整個星球的最高領導是百科全書的編纂委員會。他們擁有完全的行政權力，雖然

他們不負責實際政務。日常實際政務的執行者是端點市長塞佛·哈定。歲月似乎平靜無波，帝國衰敗的趨勢卻開始浮現。邊緣星郡的總督紛紛自立為王了。端點星鄰近四個星郡獨立成四個王國，其中的安納克里昂王國更對端點星展現赤裸裸的武力威脅。面對直接立即的威脅，百科全書委員會卻食古不化、仰賴權威，一心只想尋求銀河帝國皇帝的保護。

最初哈定仍試圖說服委員們正視周遭四個獨立王國的威脅，但終歸無效，在面對安納克里昂王國的最後通牒時，哈定決定發動政變，罷黜百科全書委員會的決策權力，由自己來領導端點星渡過難關。但是他並不是崇尚武力對抗的好戰分子，他的名言是：「武力是無能者最後的手段。」他洞見了端點星的優勢——周遭星域中唯一仍然擁有核能科技的星球。如果端點星被任何一個王國所攫取，便等於壟斷核能科技，其它三王國只有俯首稱臣的路可走，所以他們絕對無法漠視此狀況發生。當安納克里昂王國的星艦降落端點星之後，三王國也向安納克里昂發出撤軍的通牒。安納克里昂只能狼狽而返。《基地》的故事就此發展到第三段〈市長〉。

帝國的衰落不只是有形、外顯的政治經濟國力衰退，更重要的是，支撐這有形國力的科技發展，面臨一個停滯不前，甚至大規模地遺忘消失的趨勢。銀河邊緣地區

失去了掌握核能科技的能力，只有端點星這個科學家世界宛如蠻荒中的文明之島。各獨立小王國固然豔羨眼紅，但投鼠忌器、互相制衡，沒有一個能夠掌控端點星，從而壟斷核能科技。哈定在這種情勢下，對周遭王國一視同仁地從事科援行為。但是，端點星所輸出的科技，卻以一套宗教外衣來包裝。

> 對於安納克里昂人民而言，他（維瑞索夫）是一位教長，是基地派來的代表。在他們那些「蠻子」心目中，基地是一切神秘的根源，也是他們的宗教聖地——這個宗教是藉由哈定的協助，在過去三十年間所建立的。由於這個身分，維瑞索夫自然受到極度的尊敬。（《基地》，頁122）

> 「這個宗教——請各位注意，它是由基地所創立和提倡的——是建立在絕對權威的體制上。我們供給安納克里昂的科學設備，一律由神職人員控制，但他們所受的使用訓練都是經驗式的。他們全心全意信仰這個宗教，也相信……嗯……他們所操縱的這些力量的形上價值。」（《基地》，頁141）

安納克里昂的實際統治者——年輕國王列普德的叔叔溫尼斯——卻根本不相信包裝在基地科技外衣上的這套宗教「鬼話」，他野心勃勃，妄圖統治整個銀河，同時他也瞭解到實現雄心壯志的唯一途徑是完全掌握「基地科技」這個強大的力量。就在列普德年滿十六歲慶祝大典時，溫尼斯下令安納克里昂的艦隊進攻端點星！沒想到哈定洞燭機先，他早已連絡各地教長，要他們告知安納克里昂人民，他們的政府正在從事一件褻瀆銀河聖靈的行為。哈定並利用安納克里昂士兵所不知的高科技設備，以及他們長年被灌輸的宗教心理，使得艦隊的功力全廢！

> 「奉銀河聖靈之名，奉先知哈里·謝頓之名，奉聖靈的僕人基地聖者之名，我詛咒這艘星艦。讓它的眼睛——視訊電話——全部瞎掉；讓它的手臂——鉤爪——通通癱瘓；讓它的拳頭——核砲——盡數失效；……；讓它的靈魂——燈光——完全熄滅。奉銀河聖靈之外，我如此詛咒這艘星艦。」

> ……

> 整艘星艦完全停擺！

> 這就是科學性宗教最主要的特徵，一切真的能夠
> 應驗，艾波拉特對這艘星艦的詛咒也不例外。(《基
> 地》，頁 160)

哈定成功地帶領基地渡過第二次危機。

〈市長〉這一節的精彩故事，把哈定描繪得宛如《三國演義》中的諸葛孔明，料事如神、深慮遠謀、妙計安天下。〈商業王侯〉一節故事則塑造第二位「基地」中能夠洞見危機、並找出正確措施的領導英雄——侯伯·馬洛。看完這些故事，不禁讓人懷疑，個人真的無法扭轉或影響歷史走向嗎？我們會想問：塞佛·哈定和侯伯·馬洛的決策和行為，對「基地」端點星的歷史進程而言，是否是必要的？換個方式問：如果沒有哈定和馬洛，「基地」的歷史是否會變得完全不同？既然整個銀河的命運繫於端點星的走向，如果端點星沒有安然渡過危機，如果哈定和馬洛採取的是另一種決策和措施，端點星的歷史會變得截然不同，那麼謝頓對未來的預測還能說是準確的嗎？如果他的預測完全失敗，心理史學還有什麼意義呢？馬洛說：「當哈里·謝頓為我們規劃未來的歷史軌跡時，並沒有考慮到什麼英雄豪傑，他寄望的是經濟和社會的歷史巨流。所以每一個不同的危機，都有不同的解決之道，端視當時我們手中有什麼力量。」(頁 264)

但是，哈定和馬洛兩人難道不是英雄？我們究竟該如何解決這乍看之下的悖論呢？

　　個人當然有可能影響歷史的發展，可是，他的影響要能大到顯而易見並擴及整個社會，必須是他的決策能匯聚全體的信念、意志與情感。所謂的社會狀態，約莫就是社會全體成員的心理（包含信念、意志和情感）、行為和種種互動的總合，因此，如果一個個人的決定與行為，能夠納入更多人的共同信念與意志，他對歷史的影響就更加龐大。即使謝頓這位創建心理史學的先知能夠預見未來一千五百年，也要能說服十萬人（其中有數萬名科學家）與他一起流放端點星，才有可能把黑暗時代縮短為一千年。依此類推，哈定要能成為「基地」領導人，意味著基地人民同意他成為領導人，他的決策代表了（或匯聚了）基地人民的信念與意志之投射。從另一個角度來說，基地人民的心理狀態，將會產生幾個類似哈定和馬洛這樣的人物，也讓他們傾向於支持這樣的領導人，並且支持其決策。所以，即使沒有哈定，或者哈定採行另一種策略，固然發生的「歷史事件」完全不同，但並不會改變「歷史狀態的發展」。

　　可是，個人的決策和行為要如何匯聚或納入眾人的心理呢？儘管「社會狀態」是社會全體成員的心理、行為和互動之總和，但並非每個成員的每個決定與行為在

歷史狀態的構成中，都具有同等的份量。社會並不是一個由許多個人組成的單純集合，而是具有極複雜的組織和結構。個人並不是在一個完全沒有任何關係牽繫的曠野中與其它成員互動，而總是在某一個特定的「位置」上。不同的「社會位置」所做的決策與行為，在整個社會狀態中所占的份量就不相同，因為它們容納不同人數的信念與意志。如果一個人處在匯聚了眾人信念、意志和情感的社會位置上（例如國家領導人），那麼他的決策與行為，對整個社會狀態的發展，自然有極大的影響。

可是，對歷史狀態發展的影響或改變，在常態情況下必須符合歷史潮流的方向。簡單地說，因勢利導。如果一個人想把它的趨向整個扭轉過來，除非他能匯聚出比趨勢更強大的力量。可是，這種情況要能出現，意味著整個歷史潮流一開始根本不是往那個方向。換言之，歷史限定論認為「個人扭轉已確定的歷史狀態之發展方向」是極不可能的；妄圖這麼做的人，必將徒勞無功。《基地與帝國》第一段〈將軍〉中的帝國大將貝爾·里歐思和基地行商拉珊·迪伐斯的故事，就是在述說這種狀況。

# 歷史洪流不隨個人意志而轉移

　　基地創建近兩百年，首度與仍控制銀河四分之三人口的帝國遭遇。帝國雖然衰敗，銀河外圍郡省紛紛獨立，但其內圍依然繁華富庶，軍力依然強大。貝爾·里歐思是帝國派駐邊疆的一位大將，軍事才華出眾，也是好戰分子，一心希望為帝國立下不朽功勳。他在邊境地區注意到關於基地的傳聞，決定一探究竟。

　　基地的行商在銀河外圍四處貿易，推銷科技產品，為基地的勢力開疆拓土，基地體系蒸蒸日上。相反地，銀河帝國的衰敗不斷持續中，科技與知識力量也不斷地流失。對於科學大幅退化的帝國邊境人民而言，帶來神奇的科技產品的基地行商，無疑是「魔術師」。事實上，蕞爾之地端點星經過三次危機，反而不斷壯大，基地人自然完全相信他們的確是「謝頓的選民」。忠於帝國、憧憬帝國偉大榮光的里歐思卻對基地人這種心態大為憤慨。他下決心消滅基地。他半懇求半脅迫地要求西維納省的老貴族巴爾提供情報，幫助他征服基地。巴爾斷言他不可能成功：「帝國所有的力量加在一起，也無法打垮那個小小世界。」（《基地與帝國》，頁 53）

「謝頓和他手下的一批人，在建立基地的過程中，正是以心理史學作為最高指導原則。無論基地的位置、時程或初始條件，都是用數學推算出來的，它讓基地必然會發展成為第二銀河帝國。」

里歐思的聲音帶著憤怒的顫抖。「你的意思是說，他的這門學問，預測到了我將進攻基地，並且會由於某些原因，使我在某場戰役中被擊敗？你是想告訴我，我只是個呆板的機器人，根據早已決定好的行動，走向注定毀滅的結局？」

「不！」老貴族尖聲答道。「我已經說過了，這門科學和個人行動沒有任何關係。它所預見的是巨觀的歷史背景。」

「那麼，我們都被緊緊捏在『歷史必然性』這個女神掌心中？」

「是『心理史學』的必然性。」巴爾輕聲糾正。

「假如我運用自己的自由意志來權變呢？如果我決定明年才進攻，或者根本不進攻呢？這位女神又有多大的彈性？又有多大的法力？」

「立刻進攻或永不進攻；……無論你的自由意志

如何權變，你終歸都要失敗。」

「因為有哈里‧謝頓的幽靈之手在作祟?」

「是『人性行為的數學』這個幽靈，這是任何人都無法抵擋、無法扭轉，也無法阻延的。」

兩人面對面僵持良久,將軍才終於向後退了一步。

他毅然決然地說:「我願意接受這個挑戰。這是幽靈之手對抗活生生的意志。」(《基地與帝國》，頁55)

里歐思開始進攻基地，他的軍力強大、戰術精深，基地節節敗退。基地派出愛國行商拉珊‧迪伐斯不加抵抗地投降，混入里歐思陣營中，設法施展離間計。迪伐斯企圖挑撥皇帝派來的監軍大臣布洛綴克猜忌里歐思，沒想到他的假情報反而使布洛綴克眼紅，他向皇帝要求派更多戰艦來幫助里歐思，自己也當上進攻基地的副司令。眼看著，迪伐斯要將基地的未來賠掉時，卻傳來里歐思和布洛綴克被召回下獄的消息。基地又渡過一次危機!為什麼事情會這樣發展呢? 自行摸索到一些心理史學觀念的老貴族巴爾向大家說明著:

「然而，你們所犯的錯誤，在於認為這種內在的
分裂，必須源自某種個別的行動，或是某人的一
念之間。你們試圖利用賄賂和謊言；你們求助於
野心和恐懼。最後還是白忙一場。事實上，每一
次的嘗試，反而使得情勢看來更糟。」

「這些嘗試，就像是你在水面上拍擊出的漣漪，
而謝頓的巨浪則繼續向前推進，雖悄無聲息，卻
莫之能禦。」（《基地與帝國》，頁 119）

⋯⋯

「懂了吧，無論是哪種可能的組合，都能保證基
地是最後的贏家。不論里歐思做過些什麼，也不
論我們做過些什麼，這都是必然的結局。」（《基地
與帝國》，頁 120）

所以說，心理史學是未來極為可能的一門科學，因而歷
史限定論也是一個形上學的真理了？

## 反限定論的可能性

在形上學的討論中，「自由意志」與「限定論」（決

定論）之間的衝突一直是個難解的問題。為什麼難解呢？
因為哲學家以如下的方式來理解限定論：這個世界的每
一個事件或每個物體的每個狀態，都是由於某個原因，
依循某種規律，而限定了它們的發生。例如，我在睡覺
這個狀態，是因為我的生理機能，使我每到一定時間就
會睡覺。我在二月十八日下午 3 點 20 分打開《科幻世界
的哲學凝視》這本書，是因為之前我的神經系統運作使
我想看這本書，所以我從書架上拿起這本書；書架上會
有這本書，又是因為我之前在書店裏買了它，把它放到
書架上。假定一物體的每個狀態都被其先前的狀態所限
定了，那麼，這個物體就沒有其它第二種物理上的選擇，
如果人（人體）也是個物體，那麼人的每個狀態都被其
先前的狀態所決定，人就沒有自由意志可言。可是，這
和我們的直覺與常識不合，我們清清楚楚地感覺自己有
自由意志，我可以選擇在 3 點 20 分打開《科幻世界的哲
學凝視》，也可以選擇不打開，或者打開另一本書。我的
選擇是無數的，如此怎會沒有選擇、沒有自由意志可言
呢？上述的推論必定在哪裏出了問題。

　　讓我們把這類將限定論套用到個別事件和個體狀態
上的觀點稱作「個體限定論」，而之前所討論的心理史學，
則是一種「群體限定論」。個體限定論與自由意志可能有
所衝突，堅持個體限定論為真，似乎會推出自由意志是

虛幻的；但是，我們也可以反過來主張自由意志是明確的事實，從而反對個體限定論為真。換言之，如果有人想主張科學上的限定論可以應用到個人身上，或者我們可以發展個體限定論而用來精確預測個人未來，那麼這樣的主張是不可能成立的。因此，我們永遠不可能擁有個人未來的精確知識。

我們可以作如下推論：

> 如果我們有預測個人未來的精確知識，可以準確預測一個人未來的遭遇。一旦一個人知道他自己被預測到未來的某種遭遇，他可以選擇去避開或不做。（不管他是否有自由意志，他仍有選擇的能力。）如果他選擇不做，那麼預測他的未來遭遇的知識就為假。例如，某人被預測明天要去臺北，他也知道了這預測確實吻合他原先去臺北的意圖，但他臨時決定改變主意，不去臺北（他的動機很可能出於不讓人準確預測到他的意圖），那麼用來預測他去臺北的推論就失效了。因為這種狀況理論上隨時可能出現，所以，準確預測個人未來的知識永遠是不可能的。

可以把這個推論也應用到「群體限定論」上嗎？例

如:

> 如果我們能預測未來的歷史狀態,意謂我們
> 擁有人類社會未來的遭遇之知識。一旦人類群體
> 知道未來,他們就有可能選擇在此刻努力去改變
> 未來,則未來就不會如原先的預測一般。如此,
> 未來的精確知識就不再精確。總而言之,未來終
> 究是無法限定的、無法精確預測的,未來永遠是
> 開放的。

　　這兩個推論都意味著:知識有改變未來的能力。不
過,謝頓的心理史學其實已經考慮到這種可能性,而且
也設計了避開它的方法——不讓群體中的人知道心理史
學的預測內容,以確保一切反應都是隨機性的。


　　「……但是我們能將必然出現的蠻荒時期縮短
　　——短到僅剩一千年。至於要如何縮短,詳細情
　　形我現在還不能透露;正如我在五十年前,不能
　　將基地的實情說出來一樣。萬一你們發現了其中
　　的細節,我們的計畫便可能失敗。就好像百科全
　　書的幌子倘若太早揭穿,你們的行動自由就會增
　　加,這樣便會引進太多新的變數,而心理史學也
　　就無能為力了。」(《基地》,頁 108,謝頓預錄的

第一次穹窿講話）

> 「謝頓的心理學雖然先進，卻有先天的限制。它
> 不能處理太多的獨立變數。它也無法用在個人身
> 上。不論想要預測的時間是長是短，就像『氣體
> 動力論』不適用於個別分子一樣。謝頓研究的對
> 象是群眾，是整個行星上的居民。這些群眾還必
> 須不知情；對於行動將產生什麼結果，他們完全
> 沒有任何預知。」（《基地》，頁 129，節錄自哈定
> 與瑞維索夫的對談。）

總而言之，如果我們堅持個人有自由意志是個明確
的事實，那麼個體限定論就不可能成立。但是自由意志
卻可相容於心理史學一類的群體限定論。

## 《基地》中的政治與社會

艾西莫夫自言他的《基地》創作靈感是來自十八世
紀的英國大歷史家吉朋 (E. Gibbon, 1737～1794) 的《羅
馬帝國衰亡史》(*The History of the Decline and Fall of the
Roman Empire*)。它是西方最著名的史著之一，記載了從
西元 98 年起到 1453 年東羅馬帝國滅亡為止的歷史。儘

管主題都是一個大帝國逐步衰亡的過程，「基地三部曲」
的故事內容並不像《羅馬帝國衰亡史》一樣，描述一連
串不斷地戰爭、攻伐、弒君、篡位的血腥歷史。艾西莫
夫著重在描繪科學與知識推動人類歷史的演變，第一冊
《基地》的五個短篇故事，幾乎就是西方文明發展的縮
影：〈心理史學家〉使謝頓出場，「基地」現身，預告銀
河帝國的腐敗與解體，正如羅馬帝國的命運一般。〈百科
全書編纂者〉的重點在於科學與文明衰退，人類失去創
造與進取心，只知服膺古代權威，這正是西方中世紀的
寫照：希臘羅馬的黃金時代已逝，知識淪為典籍的編纂、
整理與注解。〈市長〉一節描繪宗教如何可以被用來合法
化統治，它也是第二段故事的延伸——只有在失去知識
好奇心與進取心的狀態下，一種「知其然，不知其所以
然」的科學性宗教才有可能。〈行商〉則生動地描繪科技
產品進入封閉保守的祖先崇拜國度之情景，讀來極易令

市面上一套日本作家田中芳樹所著的《銀河英雄傳說》（也是一套銀河
史的軟性科幻小說），其內容就比「基地系列」更像《羅馬帝國衰亡史》，
因為它的故事重心在於戰爭、外交、謀略、野心、暗殺、挾持等等，
內容幾乎都是由戰爭場面的描寫所串成的。

人聯想到近代中西文化接觸：西方傳教士帶著「奇技淫
巧」的科技產物到中國來傳教。〈商業王侯〉的故事則反
映西方十四五世紀的航海貿易活動，如何逐步取代基督
宗教，成為推動西歐文明演變的主導力量。

正是這種「知識與科技推動人類歷史」的獨特視角，
使得「基地三部曲」蘊涵了豐富的科學與哲學趣味，卓
然傲立於其它所有同類的銀河史創作之上。更不必說「心
理史學」這個歷史限定論的大課題。

美中不足的是，在《基地》中，艾西莫夫對於銀河
帝國的設定以及政治社會制度的描繪和想像，未能跟得
上他的自然科學與歷史哲學想像。尤其在描繪未來的人
類世界時，既已產生了民主這種政治制度，人類社會是
否有可能回到帝制時代？以銀河為規模的龐然大物，是
否可能採行「帝制」這種統治制度？帝制有可能順利統
治以千兆計的人口數嗎？而且還能綿延一萬二千年的壽
祚？龐大數字、未來世界與「帝制」的配合，給人一種
格格不入之感。同樣地，艾西莫夫在描述蓋爾・多尼克
（參與計畫的數學家，也是謝頓傳記的作者）被捕時，
要求由皇帝陛下主持聽證會。雖然後來多尼克與謝頓一
起接受實際統治帝國的公共安全委員會之審判，但這個
安排也令人錯愕——未來的人類世界竟然沒有行政權與
司法權分立的設計？第二冊《基地與帝國》中的迪伐斯

與巴爾到川陀離間，也試圖面謁皇帝，雖然他們未能成功。可是，這樣的描述似乎暴露皇帝「事必躬親」，而一個人的力量如何可能統治這龐大無匹的銀河帝國？

　　儘管如此，我們會看到，隨著經驗歷練與寫作技巧的日益成熟，艾西莫夫後來在《基地邊緣》、《基地與地球》、《裸陽》和《曙光中的機器人》等小說中，塑造了許多獨特有趣的社會制度與風俗。

# 我

可以調整你的情感，讓你忠誠對我

—— 從「科學哲學」與「社會哲學」談

《基地與帝國》和《第二基地》

◆ 作　品：《基地與帝國》

　　　　　（ *Foundation Trilogy [II]: Foundation and Empire* ）

　　　　　《第二基地》

　　　　　（ *Foundation Trilogy [III]: Second Foundation* ）

◆ 作　者：艾西莫夫（Isaac Asimov）

◆ 譯　者：葉李華

◆ 出版者：奇幻基地（2005）

「……基地被迫進行這場必然的內戰之後，一個嶄新的、更堅強的聯合政府是必需的且正面的結果。這時，只剩下舊帝國的殘餘勢力，會阻擋基地繼續擴張。但是在未來幾年內，那些勢力無論如何都不是問題。當然，我不能透露下一個危機的……」（謝頓在第五次穹窿開啟時的錄影談話）

……

艾布林·米斯此時正在藍度身邊，一張臉漲得通紅。他拼命吼道：「謝頓瘋啦，他把危機搞錯了。你們行商曾經計畫過內戰嗎？」

藍度低聲答道：「沒錯，我們計畫過。都是因為騾，我們才取消的。」

「那麼這個騾是新添的因素，謝頓的心理史學未曾考慮到。咦，怎麼回事？」

……

「市長閣下，」那人急促地小聲對市長說：「全市的交通工具都動彈不得，對外通訊線路全部中斷。第十艦隊據報已被擊潰，騾的艦隊已來到大氣層外。參謀們……」（《基地與帝國》，頁 204～205）

　　「基地」創建之後，歷史循著謝頓的「心理史學」
預測的軌跡而發展，《基地》終了時，端點星一面擴張、
一面安然渡過三次危機。《基地與帝國》前半段描述帝國
大將里歐思進攻端點星的故事，這是第四次危機。此後
基地不斷地壯大，帝國則四分五裂；基地在銀河系中取
得不敗的名聲，所有的野心家都知道進攻基地不啻為自
殺之舉。可是，基地人也在這樣唯我獨尊、傲慢自大的
心態下慢慢走向腐化。自從侯伯・馬洛這位行商出身的
基地領導者之後，歷經數代，領導階層變成凝固的階級，
原本民選的市長職位竟然在精明能幹的茵德布爾一世手
中轉變成世襲的職位，經過兒子再傳承給他的孫子——
既不殘忍又不精明能幹的茵德布爾三世。十萬多行商則
組織公會，不服基地統治也不納稅，並占有一顆行星，
握有自己的星艦武力，與基地的權力當局對抗。行商在
性格上多具冒險犯難之精神，容易為端點星的腐化與歲
月的平靜無波而憂心忡忡，他們擔心這樣下去，謝頓的
計畫將會出現變數。謝頓利用心理史學的計算，創建基
地從而改變歷史一小環節，希望能將銀河未來三萬年的
黑暗時代，縮短為一千年。因此，他利用一次又一次的
危機，改變歷史的走向，使基地不斷壯大，成為日後第
二銀河帝國的領導。可是，如果基地本身也出現了當年
銀河帝國腐化衰敗的因子，又如何能奢言創建第二銀河

帝國？行商們覺得必須利用「危機」來刺激基地當局與
基地人。他們原本打算發動內戰，卻在此時聽聞銀河中
出現一名異能人士，名喚「騾」，悄悄地崛起……誰也沒
想到騾居然打倒了不敗的基地、不敗的謝頓與不敗的心
理史學。

　　故事從基地的一名迷人女子貝泰——剛嫁給一位退
休行商的兒子杜倫——開始。貝泰與杜倫來到行商占據
的赫汶行星，拜見杜倫的父親弗南和叔叔藍度。藍度則
是「叛變」行商組織中舉足輕重的領導人物。貝泰等人
談起基地的腐化莫不扼腕而嘆，可是他們並不是書空咄
咄之士，他們都想有積極作為——製造危機。藍度提到
了「騾」，據說是一名在敵我懸殊的狀況下仍能打勝仗的
奇人，剛剛攻下卡爾根星系。他們認為騾或許可以成為
基地的敵人，再一次造成基地的危機。可是沒有人瞭解
他，藍度因而希望貝泰和杜倫到卡爾根去，一方面當作
結婚蜜月，另方面打探蛛絲馬跡。

　　貝泰和杜倫來到了卡爾根，意外地救了一位全名叫
「高頭大馬巨擘」的醜怪小丑，原來他竟是騾的宮廷弄
臣。在火速離開卡爾根的過程中，又從基地的情報局普
利吉上尉那邊得知一個驚人的訊息：騾是一位突變種！
而且從來不讓別人見到他的廬山真面目。因此，馬巨擘
就成了一個打探騾底細的重要情報來源。他們帶著馬巨

擘離開卡爾根,來到基地。沒想到卡爾根立刻向基地提出抗議,指控基地綁架了騾的廷臣。事情發展非常迅速,在還沒來得及從馬巨擘身上套得有關騾的足夠訊息時,卡爾根已向基地宣戰,而且打敗了基地的艦隊。原本想向基地發動內戰的行商組織發現局勢不妙,也得到杜倫傳來「騾是突變種」的訊息,改把攻擊目標指向騾的艦隊。就在人心惶惶之際,基地的心理學家米斯研究出穹窿再度開啟的時間。這個消息彷彿是快溺死的人手中的稻草一般,基地和行商領導者全部聚集到穹窿中,聆聽謝頓的福音。

豈料謝頓的說明與現實狀況完全不合,使得把謝頓當救世主的基地人大為震撼,惶恐與驚駭籠罩在基地上空。

茵德布爾兩眼一翻,如爛泥般倒在地板上。現在穹窿又是一片鴉雀無聲。外面驚惶的群眾愈聚愈多,卻也個個閉緊嘴巴,凝重的恐懼氣氛頓時瀰漫各處。

茵德布爾被扶起來,並有葡萄酒送到他嘴邊。他的眼睛還沒來得及打開,嘴巴已經吐出兩個字:「投降!」(《基地與帝國》,頁 205～206)

# 從科學哲學的否證論看心理史學

> 騾⋯⋯直到第一基地淪陷，騾政權的建設性才終
> 於顯現。在第一銀河帝國全盤瓦解後，他是歷史
> 上第一位擁有統一版圖、疆域直逼真正帝國的統
> 治者。(《第二基地》，頁 32)

騾，這位奇人具有一種強大無匹的特異功能，他能
探察人心情感，並且隨意加以改造調整。他迅速崛起，
成功占領基地，也很快地統治了銀河的廣大疆域，成立
一個「行星聯盟」，他本人雖是實質的統治者，卻未稱帝，
反而謙虛地自稱「聯盟第一公民」。

騾的出現，使基地上升的歷史為之中挫。也使謝頓
的心理史學計算灰飛煙滅。艾西莫夫為什麼要創造「騾」
這號人物？除了戲劇性的效果外，有沒有什麼哲學性的
象徵？「騾」在「基地」三部曲大架構中的地位是什麼？

就基地故事的發展而言，顯然艾西莫夫需要一個大
轉折，一個中場高潮，並為此後的持續發展埋下一個巨
大的伏筆。最戲劇性的高潮無疑是全盤推翻之前主宰基
地故事的背景架構——心理史學。換言之，心理史學被

「否證」(falsified) 了。可是，被否證這個事實，在科學哲學家卡爾・波柏 (K. Popper, 1902～1994) 看來，一點都不會減損它的科學地位，相反地，保證了它的科學性。對波柏來說，所有的科學理論都有被否證的一天，無法被否證或不可能被否證的東西，根本就不是科學。「可否證性」(falsifiability) 是區分科學與非科學的標準。波柏的這套觀點，就是科學哲學中的「否證論」(falsificationism)。

## 歸納、實證與否證

　　二十世紀的二三〇年代，「邏輯實證論」(logical positivism) 興起。邏輯實證論主張如果一項研究要具有科學的資格，該項研究產生的斷言或假設必須要能夠由經驗來加以檢驗 (test) 和證實。檢驗的主要方法是歸納和統計方法，也就是尋找經驗證據來支持該普遍命題，累積了許多證據，我們就可以歸納地推論出、或統計地推論出該假設被印證的程度或機率。如果我們現在提出一普遍語句「所有銅都能導電」，它是一個假設。然後我們必須檢驗它是否為真。如果我們檢驗並觀察許多銅製品，發現它們都能導電，而且迄今我們並未觀察到不能導電的銅，就可以下結論說「所有的銅都能導電」被印

證了。這就是所謂的「實證」。

可是，除此之外，邏輯實證論還主張科學哲學的基本任務就是找出科學理論的邏輯結構，並使用嚴謹的符號邏輯來加以重構。例如「所有的銅都能導電」這個假設，其邏輯結構是「所有的 x，如果 x 是銅，則 x 能導電」。令 Bx 代表「x 是銅」，Dx 代表「x 能導電」，(x) 代表「所有的 x」，⊃ 表示「如果……則……」，那麼該語句就可以符號化為：

$$(x)(Bx \supset Dx)$$

現在，如果我們找到一個東西 a，它是銅，而且它能導電，就可以表達為 Ba∧Da（∧ 表示「而且」）。同理，有一個東西 b 也是銅，也能導電，則表達為 Bb∧Db。以此類推，先前所談的歸納印證就可以符號化為：

Ba∧Da
Bb∧Db
⋮
Bn∧Dn
至今未找到 m，使得 Bm∧∼Dm
結論：(x)(Bx⊃Dx)

換言之，原來的 (x)(Bx⊃Dx) 只具有假設的地位，經過歸納印證之後，它就可以變成一條自然定律 (natural law) 了。

波柏批判邏輯實證論，他主張科學工作並不是應用歸納法去證實假設、理論或普遍語句，相反地是去否定、推翻、否證它。波柏的理由是，不管科學家歸納多少證據（一千個、一萬個或更多都一樣），只要有一個反證，一個普遍語句就立刻為假。例如，只要我們找到一個不導電的銅或者某種使銅不導電的環境，那麼「所有的銅都能導電」就被否定了。所以，如果科學家的主要工作是企圖去否證已建立的假設或理論，那麼，歸納和印證在科學研究中就沒有什麼作用。「檢驗」的目的不是證實，而是「否證」(falsification)。

現在，我們來到了科學哲學的核心：劃界問題 (the problem of demarcation)，也就是說，在科學和非科學（或偽科學）之間劃出一條明確的界線來。科學哲學的核心任務就是在找出這條界線。為什麼？因為不管我們是要研究科學方法、或科學理論的結構、或科學理論的檢驗，我們都要預設什麼東西是科學，然後才能去研究它。我們的預設理所當然地區分了科學和非科學的界線。例如，邏輯實證論也預設了能夠以經驗來加以印證的命題才是科學的（即，「可印證性」(confirmability) 這樣的判準）。

對波柏來說，占星學和特異心理學 (parapsychology)等典型的偽科學，都能夠以找到經驗證據來支持假設，滿足實證論的「印證」(confirmation) 標準。可是，我們卻不該把它們也納入科學的行列中。相反地，上述偽科學並不能被否證，因為它們的從業者都逃避否證，不願承認他們的預測或所研究的現象被否證了。所以，波柏主張「可否證性」(falsifiability) 才是一個鮮明的判準，足以在科學和非科學（與偽科學）之間劃出一條清楚的界限來。

如何精確地說明「可否證性」這個概念呢？波柏認為，科學假設或理論一定是「全稱條件命題」，可表達成「所有的 x，如果 x 是 R，則 x 是 Q」。如果我們能找到一個 x=a，而且「a 是 R」但「a 不是 Q」，那我們就「否證」了先前的命題。原則上，任何可以設立「a 是 R 但 a 不是 Q」的條件命題，就具備「可否證性」。雖然可能

所謂的「特異心理學」乃是指一種研究，研究者相信某些人擁有某些特異的心理功能或超感官知覺（extra-sensory perception），如念力（psychokinesis）、心電感應（telepathy）、透視（clairvoyance）、預知未來（precognition）和迴知過去（retrocognition）等等奇特的能力。

目前我們尚找不到這樣的 a，則此時這條件命題暫時沒
有被否證。例如：(A)「所有不具內在動力的重物被釋放
時，都會落到地面」，理論上，有可能設立某個「不具內
在動力的重物被釋放卻不落到地面」，雖然到目前為止在
地球表面上找不到，但是 (A) 假設仍具備可否證性。使
用先前邏輯實證論所使用的符號，一個「否證」的推論
過程，可以表達為：

$(x)(Bx \supset Dx)$
$Ba \wedge \sim Da$，
所以，$\sim(x)(Bx \supset Dx)$

　　建立了「可否證性」的判準之後，波柏也使用它來
「檢驗」幾個十九世紀和二十世紀初時號稱的「科學理
論」，如弗洛依德 (S. Freud, 1856～1939) 的潛意識理論
和阿德勒 (A. Adler, 1870～1937) 的心理學，也因為不能
通過「可否證性」的判準而被波柏判定為偽科學。為什
麼？波柏舉例說，一個人故意把小孩推入水中想溺死他，
另一個人犧牲自己的生命想救溺水的小孩子。這兩個互
相矛盾的行為，在弗洛依德和阿德勒的理論中，都可以
用同一組理論來解釋。弗洛依德會說第一個人被壓抑所
害、第二個人則超克壓抑而成就昇華。阿德勒會說兩個

人都被自卑感 (feelings of inferiority) 所害，所以第一個人以推小孩來證明自己敢犯罪，第二個人以救小孩來證明自己勇敢救人。在這樣的說明下，沒有什麼具體的經驗例子能否證這兩個學說。馬克思主義也是不可否證的。馬克思本人預測共產革命應該發生在英國、法國這類資本主義高度發達的工業化國家中，沒想到第一個共產革命反而發生在俄羅斯這封建國家，它甚至尚未進入資本主義社會階段。這意味了革命並不一定只是發生在資本主義社會中。換言之，馬克思的社會階段演變的理論應該被否證了。可是，很多馬克思的追隨者，也就是馬克思主義者，卻提出一大堆特置假設 (ad hoc hypothesis) 來為馬克思的理論辯護，使它逃避否證。這些特置假設如「英國法國等高度資本主義發達的國家採用社會主義的

「特置假設」是指一種為了挽救理論而特別設置的輔助假設。例如，如果一個「減重理論」宣稱「所有吃特別設計的減肥餐而且按照一定的方式運動的人，三星期後一定可以成功減重三公斤。」現在如果某甲完全照規定來做，三星期後卻只減重一公斤。如此，某甲應該是此「減重理論」的一個否證例子。但是，該「理論」的支持者可能提出「某甲的體質特別，是一個例外」的說法來挽救其理論。那麼，這個針對某甲「量身訂製」的假設，就是「特置假設」。

政策」或是「俄羅斯共產革命不是馬克思理論下的標準
共產革命」等等。它們使馬克思主義變得不可否證。

　　既然「可否證性」是科學與非科學的劃界判準，那
公認的科學理論，應該可以通過這個判準吧？當然，因
為歷史上有太多太多科學理論，包括偉大的牛頓力學，
實際上都被否證了。而否證牛頓力學的相對論，也有一
天可能會被否證。科學就是這樣不斷地通過否證而進步，
而更加逼近真理。我們也應該以這樣的觀點，來看待科
學歷史的進展。例如，相對論否證牛頓力學的歷史是：
廣義相對論被提出來和牛頓力學競爭，科學家因此要做
實驗和觀測來檢驗這兩個理論誰正確。根據廣義相對論，
光線通過大重力場時，將會產生曲率。這重力場要很大，
才能觀測出來。在地球上，能觀測的環境就是太陽的重
力場。但太陽光太亮，遠方的星光即使通過太陽附近，
也無法被觀測出來。但在 1919 年有一次日蝕，使星光能
被觀測。科學界因而把握機會，由愛丁頓爵士 (Sir S.A.
Eddington, 1882～1944) 率團到非洲某地實際觀測，所得
的結果吻合愛因斯坦的預測，而與牛頓力學的計算不合。
所以，這次觀測並不是印證了愛因斯坦的相對論，而是
否證了牛頓力學。儘管牛頓力學已通過無數次否證的考
驗，但因為它是徹頭徹尾的科學典型，最終逃不開被否
證的命運。同樣地，相對論雖通過一次檢驗的考驗，使

它暫時被「認可」(corroborated)，但它終有一天也會被否證。

　　否證不僅提供了科學劃界的判準，也可用來描述科學史，更被波柏當成唯一標準的科學方法。如果要否證，我們要先提出假說，不管假說如何大膽或不合常理，只要我們能演繹出可否證的基本述句，它就是科學的。因此，科學方法不是歸納法，而是「假設－演繹－否證」法、或稱「推測－駁斥」(conjecture-refutation) 法和「試誤法」(trial and error)。也就是說，科學家應該嘗試大膽的猜測、建構理論和假說，再設計嚴謹的實驗來加以檢驗，但檢驗的目的在於否證假設。一個精彩有力的科學假設或理論，總是可以經過多次檢驗，而沒有被否證。但這並不代表它未來不會被否證。可是，並非一個科學假設（理論）出現反例即被否證。科學家可以不斷修正假設，避免誤差。但是也必須設計更嚴格的實驗來加以檢驗修正後的假設，這我們稱作「試誤」法。科學正是通過不斷地試誤、不斷地檢驗和否證而逐漸地逼近真實、獲得真理。

## 心理史學能被否證嗎？

　　如果心理史學能被否證，根據波柏的否證論，表示

心理史學的確是一門科學。因為任何科學都必須具備「可否證性」。如果心理史學不能被否證，像占星學一樣，反而才會使得心理史學不是科學。所以，當心理史學被騾的出現所否證時，只不過意味心理史學不再能普遍有效地預測歷史（騾的出現和其行事都無法被事先預測），但反而支持了心理史學的科學資格。心理史學究竟是怎麼被否證的？

謝頓導出的心理史學背後，有幾個基本預設：「A.人類的人口總數必須大到足以用統計方法來處理；B.群體必須完全無知於心理史學的預測內容，使得每個人的反應都是隨機的。C.社會的發展不能有突破性的因素（如突破性的物理科技或精神能力）出現。」只要有一個預設沒有被滿足，心理史學的數學定律就不再能適用。根據A假設，心理史學不能用於2006年，因為2006年的人口總數約六十億，這仍是個太少的數目，遠遠無法達到使心理史學有效的門檻。根據B假設，謝頓確實做到了，他從不對基地群眾透露他們所將面對的危機形態。

騾的出現，打破了B假設。心理史學計算的，是擁有一般心靈能力的人類集體行為趨向。一般的人類心靈，只能使用一般的、間接的方式來影響或改變。也就是說，如果我想使多數人們都做出相同的反應、相同的決定，以使歷史朝向我希求的方向發展，除了訴諸理性說服、

動之以情、潛移默化、威脅利誘、暴力恐嚇這些一般的方法之外，我沒有其它管道。這些方法的功效很有限，而且我無法判斷是否一定會達成目的。我無法預測你是否會接受理性說服，也不知你是否會同情我，就算我想使用暴力脅迫，但是你難道不會反抗嗎？有些人也許不會，但有些人會。我無法百分之百肯定誰會有什麼樣的反應，甚至一個起碼的機率也難以掌握。正是因此，我們無法預測人類集體反應的總和。心理史學提供了一個理論和數學工具，使我們能克服上述的障礙。但前提是人們的心靈都是類似的，能力是平等的，影響或左右一個人的行為方式都是間接的，一定要透過上述的媒介和方式。

騾是一位擁有特殊異能的人，他能調整和改造人們的情感——這是一種直接的、微妙的、神奇的、毋需透過媒介的影響。他可以強化、弱化或改造人們的情感與心理動機。例如，他可以使別人對他忠心耿耿，也可以使人失去抵抗意志；他可以使人產生恐懼、絕望之情，也可以使人的欲望增強或減弱，他甚至可以激發人的直覺、預感和洞察力（艾布林・米斯即是一例）。最重要的是，他對這些調整和改造，有絕對的掌握，他不必擔心被他改造過的人會做出什麼不可預期的事來。擁有這種異能，騾無疑能以一己之力扭轉歷史走向。他只消改造

幾個位高權重的人，使他們服從他的意志，對他忠心耿耿，使他們所作的決定能符合他的希求與目標。如此一來，建立在沒有特異能力的平均心靈之預設上的心理史學，其理論計算自然就會失真失效。如果騾這個奇異因素消失了，心理史學仍然有其理論效力。但是，歷史軌跡已經產生巨大的偏離了。

　　現在問題是，在基地的發展歷史中，已經因騾的出現而偏逸的歷史軌跡，要如何回到原來的正軌上？

## 心理史學和謝頓計畫

　　騾的出現，與他對銀河歷史的衝擊，引出了第二基地。

> 米斯怒吼道：「誰說它不存在？只不過他們盡量不提。它的使命——以及它的一切——都比第一基地更隱晦，也隱藏得更好。你們難道看不出來嗎？第二基地比第一基地更為重要。它是謝頓計畫真正的關鍵、真正的主角！我已經找到謝頓大會的記錄。騾還沒有贏……」(《基地與帝國》，頁 276)

　　如果心理史學的預測，以及根據心理史學的計算為

第一基地所安排的歷史軌跡，都已被騾的出現推翻了。
第一基地的命運是否就此萬劫不復了？第一基地的生死
存亡也許不是重點，關鍵在於，騾破壞了這條預定的歷
史軌跡，使未來再度變得不可預測。同時，騾是個突變
種，人類也擔心騾的後代將是更高等的人種，人類永遠
無法與他們抗衡，「智人」的命運就此告終。所幸，謝頓
高瞻遠矚，早也預見這種可能性，隱密地創建了「第二
基地」，它的任務就是保證：萬一歷史軌跡偏移了，人類
可以再度將它導回正軌。包括第一基地和第二基地的整
套計畫——謝頓計畫——才能完整呈現謝頓的心血菁
華。可是，騾之後，心理史學是否已不再生效了？心理
史學和第二基地執行的謝頓計畫之間，又是什麼關係？

　　就如科學能引導技術的建立與產品的生產一般，心
理史學仍然可以引導謝頓計畫的執行。就好像如果我們
可以預測洪水的形成因素、行經路徑和破壞力，我們就
可以採用建造水壩、堤防、疏浚河床、改變河道等等措
施，來減少洪水可能帶來的破壞。當然，這會產生新問
題，我們採取的改造方案，是否有可能帶來未來更大的
災害或不可預知的風險？要避免更大的災難，科學家也
必須研究所採取的措施，干預自然之後，對自然所造成
的改變。所以，謝頓計畫包括兩部分：定出一條未來的
歷史軌跡，以及設立保護此條軌跡的方法。首先將心理

史學根據目前變項計算得到的結果，再加以改變（縮短黑暗時代的時間）。可是，心理史學畢竟只能從事機率的預測，隨著時間的流逝，誤差會越來越大，歷史的實際軌跡會慢慢偏離預定的軌跡。為了校正誤差，必須採取補救措施。以便把歷史導回謝頓計畫原來的「正軌」。問題是，如何知道這些措施能達成目的？還是必須要根據心理史學的計算。同時，心理史學的理論本身，也必須要不斷地被補充修改，使它能處理各種未知的、突發的或突變的因素。而這些工作，就由第二基地的「精神科學家」來執行。

所以，「心理史學」現在蛻變成一門可以不斷修正的「工程科學」。謝頓計畫則變成一套在「心理史學」這工程科學指導下的社會改革藍圖——我們可以很恰當地稱為社會工程 (social engineering)。

## 歷史限定論和「社會工程學」

如牛頓的天體力學準確地預測行星軌道一般,在《基地》中的心理史學準確地預測人類歷史的發展軌跡。準確度雖然會隨著時間的推移而遞減,但是在最初三世紀,準確度仍然有百分之九十四。「基地」的人們,身為「心理史學的選民」,他們樂於享受這種身分,對於未來歷史

的明確目標與軌跡，他們顯得信心十足。可是，在騾之後，他們知道了歷史其實是由神秘的第二基地所創造的，有些人開始感受到「傀儡」的屈辱。他們決心向這神秘而高高在上的第二基地挑戰。他們發展一種精神雜訊器，用來屏障第二基地無孔不入的精神刺探與干預，同時也足以辨識出第二基地潛伏在第一基地中的間諜——他們將第二基地分子一網打盡。卻不料……

謝頓原版的心理史學已被騾的出現所推翻，不過騾是個異常因素，一旦這個異常因素消失，心理史學仍然可以應用。可是，騾的崛起與衰落，也把第二基地本身的存在暴露出來，改變了第一基地人們的某些心理狀態（如上述），他們企圖向心理史學的 C 預設挑戰——藉由物理科技的突破，使心理史學的計算再度失效，第一基地要掌控自己的命運。面對這個挑戰，第二基地又該如何因應呢？

　　謝頓計畫並非百分之百完整和正確。反之，它只是如今所能做到的最佳結果。已經有十幾代的先人，在這上面花費無數心血：研究這些方程式，將它們拆解到細微末節，然後重新組合起來。除此之外，他們還靜觀近四百年的歷史，以便與方程式的預測相互對照：他們檢查方程式的真實性，

從中學到許多新的知識。(《第二基地》，頁 137)

　　卡爾・波柏反對馬克思式的歷史限定論，主張歷史的進展不可能遵循一個「盲目目的」和「與人類行為無關的」(亦即人類個別的行為都無法改變歷史的走向) 限定律。他認為人類的行為可以對歷史的走向產生巨大的影響。譬如，革命的行為。革命固然是集體行為，但是一開始仍是由少數的革命者來發動，直到匯成集體行為的洪流。所以，一個訂下革命之志的個人，其決心仍可以對整個社會的歷史走向產生巨大的影響。當然，他也極可能失敗。不管如何，一旦革命產生，整個社會狀態、人類歷史的軌跡，就有了巨幅的變動。但是，變動之後的社會究竟是什麼情況，乃是無法預測的。然而，革命的行為往往產生巨大的破壞，反而造成社會的動盪不安（如二十世紀的共產主義運動和共產革命)，這不符合我們的個人和集體利益或福祉。這也顯示出歷史長期發展的不可控制性。

　　可是，我們也不能不改變社會，否則人類社會就一直停頓，無法實現人類理想中的價值與社會，也無法進步。波柏因此提出「點點滴滴的社會工程學」(piecemeal social engineering)，也就是說，不要試圖去尋求歷史限定律，去預測未來歷史的走向或發展。而是在可控制的範

圍內、小幅地從事社會改革的工作。一旦發現改革的結果有所偏差，可以立刻調整回來。也就是「一點一滴地從事社會改造」，很像在進行小規模的細部工程以改造自然環境一般，波柏就把這套理論稱作「社會工程學」。顯然，波柏的「點點滴滴的社會工程學」乃是他所謂的「科學試誤法」的應用。

當我們說，第二基地的心理史學已經轉型成一套社會工程學，正是意指波柏意義下的社會工程學。第二基地的精神科學家所從事的精神改造工程，都必須極端小心、極端節制與隱密。他們甚至也必須處理一旦自己曝光，並受到第一基地敵視的情況。第二基地如何進行這樣的社會工程呢？

## 謝頓計畫做為社會工程學

> 我們所敘述的人物都是心理學家——卻並非普通的心理學家。其實我們應該說，他們是傾向於心理學研究的科學家。（《第二基地》，頁 47）

> 幾世紀以來，這個房間一直保存著一門純粹的科學——然而，一向被聯想成「科學」的各種裝置、設備、儀器等，這裡都付之闕如。因為這門科學

的研究對象，只是數學概念而已。……先民中的智者所進行的冥想，便與這門科學有些神似。(《第二基地》，頁 132)

「解決之道就是謝頓計畫。這個計畫安排並維繫了各種有利條件，使得在計畫開展仟年之後——也就是再過六百年——第二銀河帝國便會興起，而人類則已能夠接受精神科學的領導。……或許可以說：第一基地建立起單一政體的有形架構，第二基地則提供統治階層的精神架構。」(《第二基地》，頁 141)

「第二基地」中的精神科學家，除了精通心理史學的數學計算之外，他們也擁有騾的類似能力——能夠調整其它人的情感。可是，他們對於彼此之間的心理狀態瞭若指掌，使得隱藏的私心、嫉妒、憎恨、睥視等等負面情緒，也都無所遁形。第二基地的精神科學家，在某個意義上還必須是「道德上的聖人」。而且他們不能只是獨善其身，還必須要兼善天下。換言之，「第二基地」的精神科學家們，就像是「社會工程師」。

我們可以說「社會工程師」至少有兩種，一種可稱作「制度工程師」——如法律和政治制度的構思者和推

動者 (政治、法律學者、法律推動者、社會運動家等等)，
他們試圖建立一個更完善、更能實現社會正義的法律與
政治制度。另一種則是「精神工程師」，包括道德學家、
心理輔導專家、宗教家、文化改革者等等，他們試圖透
過「言論和實踐」的教化與精神感召力，來勸導人民向
善，共同維繫一個更美好的社會。「制度工程師」從普遍
面來建立公平、正義的社會制度，使得相似的事件都會
有相同的結果，不會因為人的身分、地位、財富而有所
不同。「精神工程師」則著眼於個人心靈和行為的塑造與
改造，希望讓社會每個成員都成為美好社會的維繫者。
畢竟完善的社會制度也要有高品質的人們來執行。

　　《基地》中的「第一基地人」所相信和執行的是一
個「歷史限定論」的心理史學；而《第二基地》中的「精
神科學家」則相信和執行一個「社會工程學」的謝頓計
畫。「第二基地」的精神科學家，應用「情感調整力」調
整人類的情感面向 (雖然很難想像如何能做到)，毋需透
過語言的媒介，很像上述的「精神工程師」，但是他們的
方法似乎更有效率。他們也有保護第一基地與指導第二
銀河帝國創建的使命，使得他們同時像「制度工程師」
(雖然這方面的成分較少)。他們不能大張旗鼓，要盡量
把干預降到最小程度，則體現了波柏所謂的「點點滴滴」
的精神。因此，他們似乎身兼「制度工程師」和「精神

工程師」兩種專長。

艾西莫夫透過小說創作所構思的這一套情感調整的精神改造計畫，很有可能正是艾西莫夫本人的人類未來社會之理想。可是，改造情感的能力只掌握在少數人的手中——縱使他們是道德上的聖人——能夠免除權力帶來的誘惑和腐化嗎？人類智者早已發現「絕對權力使人絕對腐化」這條近乎確鑿無疑的絕對真理。第二基地又如何能避開這條歷史教訓？後來，在《基地與地球》中，艾西莫夫把少數人共享情感的這種能力，推廣到全體人類，而且共享的不只是情感，還包括思想——這是否是個理想社會呢？

窺
視科幻世界

在遙遠的時空，有無數個難以想像、無從接觸的世界，儘管時間的洪流推著我們、朝著它們，卻沒有人知道何時可以抵達其中任一，也沒有人能決定我們該航向哪個地方。因為沒有人能一窺它們的全貌，也少有人願意費力去窺視它們。直到一群創作者，他們憑藉超卓的想像力，跨越時間浪頭，直探那無從觸及的世界。他們觀察記錄神奇炫目的物品、擷取宏偉壯觀的畫面、描繪匪夷所思的景象，這些工作聯合構成一個瑰麗無匹的「科幻世界」。這個世界是那無數難以想像、無從觸及的世界之「鏡像」，它映照著人類的未來。

你想窺視未來的世界嗎？你想瞭解那難以想像、無從接觸的無數世界嗎？

你得從「科幻世界的窺視」啟航……

# 窺視科幻的幾種方式

「窺視」不是直接地看，它需要中介。透過叢林掩蔽、透過牆上小孔、透過鏡子反射、透過曲光折射、透過潛望鏡……對於科幻，你可以這麼看：

你可以一頭栽入高潮迭起的情節中，隨著主角人物的遭遇喘息起伏，讓作者的生花妙筆、詭奇想像、聲光畫面、炫麗場景、壯闊世界……撞擊你的瞳孔、敲擊你的鼓膜、滲入你的皮膚、使你的血脈心跳加速搏動。換言之，你可以享受一場純粹情節與感官的饗宴，卻帶著結束後悵然若失的心緒。

你可以追蹤科幻的虛構、幻想與奇幻因素。科幻創作者怎麼想出這些點子：我們其實只是桶中的軀體？如果我的記憶被篡改了，我還是我嗎？這麼具有擴展性、侵略性的人類，在殖民外太空之後，會發展成一個銀河帝國嗎？什麼樣的描述可以配合未來一千年的科技發展？基因科技在未來二三十年的發展，是否會創造出一個「基因歧視」的階級社會？這些虛構、幻想、誘人的科幻點子，究竟是怎麼從科幻創作者的腦袋中編織出來的？

如果你讀科學，對科技的未來發展有無比好奇，你可以調查科幻創作中的科技想像，它是否預期了未來科

技的合理發展？科幻不是科技預言，但是很多科幻創作者確實準確地預言了未來的科技產品——科學概念、理論或神奇機器。十九世紀末的法國科幻小說家凡爾納 (J. Verne, 1828～1905) 預言了登陸月球、深海潛艇；英國科幻小說家威爾斯 (H. G. Wells, 1866～1956) 預言了時間旅行、半獸半人的動物；二十世紀的科幻小說家，又作了什麼驚人的科技預言？未來的科學家有可能創造出艾西莫夫在《基地》中「發明」的心理史學（一個「數學社會學理論」）嗎？未來的科學家和藝術家，又會聯手創作出克拉克在《童年末日》中想像的「隨時間改變外觀線條」的雕塑嗎？海萊因 (R. Heinlein, 1907～1988) 的《4=71》為什麼是這樣一個書名？它訴說一個建立在相對論基礎上的太空旅行故事。兩個擁有心電感應能力的雙胞胎兄弟，因為近光速的太空旅行而漸行漸遠。這是否能激使你去探討和弄懂相對論，以及所謂的「雙生子悖論」？故事發展到最後，一個「無關聯性」理論被提出來，使人類得以克服相對論的時空侷限，這樣的理論又是否可能成真？

　　科幻是文學、是藝術。你當然也可以採取文學欣賞的態度來契入這文類或藝術表現類型。你可以解讀科幻中的象徵：「隱形人」象徵人類那看不見的、卻又不可抑遏的野心；「科學怪人」象徵著人類創造出來、卻又無能

處置的科技產物;「鋼穴」象徵人類自我封閉、抗拒開放的集體意識;「裸陽」則反過來象徵人類的遠景與希望。科幻情節的局部象徵往往寄託了整體性的寓言:《隱形人》寓意看不見的人類野心終有現形與失敗的一天;《科學怪人》寓意著人類如果只為了滿足好奇心而創造,將會遭受科技反撲的恐怖力量;電影《千鈞一髮》也是一個改造人類基因後果的「寓(預)言」。神話是最古老的文學,也是古代人類解釋未知的工具;科幻則是現代人投射未來想像的寄託。《童年末日》不就是一部《聖經》神話的重鑄嗎?《星際大戰》不是古老的、神秘的善惡鬥爭之變形嗎?可以說:「神話是古代人的科幻;科幻是現代人的神話。」

在《莫洛博士的島》中,威爾斯利用當時的解剖學、器官移植和外科手術的概念,想像莫洛博士創造了半人半獸的生物,同時混著人性與獸性。今天的基因工程已使得這種想像可能成真。愛因斯坦的相對論使「時間旅行」的概念成為科學的,雖然相對論拒絕時間旅行在物理上是可能的。艾西莫夫的「基地系列」,也必須設想一種「超空間」的概念,才能使人類建立銀河帝國成為可能。未來的人類若要從事星際旅行,超越愛因斯坦的光速限制,進行一種「超空間躍遷」乃是必須克服的道路。

你可以激情感官地看、追蹤奇幻地看、科學推理地看、文藝解讀地看科幻，當然，你也可以哲學沉思地看科幻——這正是我「窺視科幻世界」的方式。因為科幻也是未來的哲學：哲學往往可以為科幻創作提供「幻想因素」；更提供象徵、寓言和情節架構。如果你要「哲學沉思地看」，你的眼光和心思要放在哪裏？我建議：科幻裏的知識（包括未知）、科學、技術、真實、自然、心靈、歷史、人造物、科學家、人性、道德、時空、科技社會、理想世界、終極信仰。

我不僅建議哲學沉思地看科幻，也要哲學分析地談科幻。第一個科幻的哲學問題正是：科幻是什麼？我們為什麼要窺視它？

## 在哲學窗口下的「科幻」

科幻 (science fiction, SF) 是什麼？這個名詞組合包括了「科學」(science) 和「虛構」(fiction)（小說，幻想）。「科學」一般被認為在揭開「真理」、發現「真實的存在物」（實在）(reality)，「真實」必定不能是「虛構的」。若是如此，「科幻」要如何去進行「科學的虛構」？

「科學的虛構」當然不是去虛構出一些科學的東西或知識（這是「偽（擬）科學」(pseudo-science)），而是

以「科學」為核心或背景，去虛構出有趣的「故事」來。科幻偶爾也會納入一些「偽（擬）科學」的術語或概念，這不妨礙其為「科學的虛構」。然而，什麼又是「虛構」呢？一個初步的解釋大概是「說故事地敘述」(narrate) 那不是真實發生的，看起來卻像是真實發生的事件──也就是說，故事中的人物和環境仍要有其合乎現實的基礎。

真實發生過的事件記載是「歷史」。未曾真實發生的事件，儘管說得活靈活現，而且可能被宣稱是發生在過去，仍然都是「虛構」。如果以真實歷史為藍本，卻加油添醋，把口耳相傳、私人記載或種官野史雜揉在一起，像是寫作（模擬）真實歷史事件般地敘述一個完整的故事，可稱作「歷史虛構」(history fiction)。「科幻虛構」也常常採取「歷史虛構」的形式，但是它的情節可以說全不屬於歷史的。因為「歷史」指的是已過去的事件之記錄，但科幻可以假裝（虛擬）站在更久遠未來的某個時間點上，回顧對當時而言的過去（卻是我們實際今日的未來）。從我們今天的時間點看來，科幻的歷史虛構就是一種未來史。

在科幻研究中，有幾個重要的術語和概念必須分辨：

(1)科學小說（scientific fiction）與科幻小說（science fiction）：科學小說裏的「科學」不是未來的、推測的科學，而是過去的或現在的、真實已有的科學。

科學小說大致上是以科學家研究科學為主題或背景，虛構某個故事。例如有名的精神分析小說家丹尼爾‧凱斯 (D. Keyes) 的《二十四個比利》和《比利戰爭》(小知堂)，訴說一個真實案例，主角具有多重人格（24 個!），乃是典型的「科學小說」。義大利知名學者兼小說家艾可 (U. Eco) 的《昨日之島》(皇冠) 則以十六世紀的科學和航海探險為背景，可說是一本「科學史小說」。

（2）**硬科幻（hard SF）與軟科幻（soft SF）**：在科幻傳統上，有硬科幻和軟科幻的區分，兩者之間並沒有明確的界線，但是我們仍可以歸納出分辨的標準，即「自然主義」(naturalism) 和「科技社會」(scientifically technological society) 原則。科幻小說所涉及的「科技」可以是未來的、幻想的科技。如果這些「科技」和「科技產品」都是基於「自然主義」的想像，亦即一切奧妙的科學知識，都是對於物質的「本性」(nature) 之研究成果，而沒有訴諸於超自然的原因；一切想像的神奇產品之運作原理，都可以由其構成物質的本性來合理解釋。進而其主要情節在於述說人和科技之間的關係和互動，所有的故事都發生在一個詳細描繪的科技社會中時，這種科幻就是典型的「硬科幻」。如艾西莫夫、海萊因、克拉克等科幻大師的大部分著作。

如果科幻裏的「科技」和「科技產品」不是根植於

科學理性，作家無法對自己想像的產品原理作一個自然化的解釋，使得產品的運作像是巫術或超自然力量一般，甚至違反已被接受的自然法則，也就是說，其內容並不能滿足「自然主義原則」。進而科技在小說中只是一個調味而非主菜，大部分的情節都著落在人與人和社會之間的描繪，情節是傳統的政治鬥爭、英雄冒險、愛情故事等等，「科技社會」的角色和描繪幾乎是零，那這種科幻就是軟科幻。例如日本作家田中芳樹的《銀河英雄傳說》，香港通俗科幻作家倪匡著名的衛斯理系列，臺灣新銳科幻作家張草的「滅亡三部曲」。

(3)科幻和奇幻（玄幻）（fantasy, fantastic novel）：科幻當然有幻想的成份，但「幻想」未必是「科幻」，因為幻想可以完全脫離「自然」與「真實」，而踏入天馬行空、精靈水怪、幽冥界域的超自然世界中。玄幻的主角或環境可以是精靈和神怪，環境與場所則可以在非物質

「滅亡三部曲」包括《北京滅亡》、《諸神滅亡》、《明日滅亡》（皇冠）。在整個故事中，作者設定使人物能從事時間旅行、回到過去的力量是超自然的——由浸泡在神奇藥物中的大腦神經所發出的精神力量。作者並未構思一個自然法則來合理地解釋這種力量的產生。

的空間。其例子如近幾年來熱門的《魔戒》和《哈利波特》等。但是，科幻雖然有幻想成分，卻必須植基於物質世界與自然世界，而且必須建立並發生在科技社會中。

「科幻」不只是「科技」，也不是「奇幻」或「玄幻」。「科幻」必定是「科技」與「幻想」緊密結合，缺一不可。

## 科幻故事怎麼說？

科幻小說、科幻電影和科幻動漫畫等創作，都是一種「敘事」(narration)，也就是說故事 (storytelling)。「敘事文體」(narrative) 是一個重要的文學類型。要理解科幻故事，我們必先問：什麼是「敘事」？

「說故事」包括了「說者」和「故事」兩部分。在小說創作中，臺面上說故事的人未必是作者本人，而是作者所安排的「敘事者」(narrator)，當然實際上真正在說故事的，仍然是作者。有時作者會用第一人稱化身為敘事者。一個故事由一系列事件、透過敘事者的「觀點」而組成，敘事者再把故事以媒介表達成一個「敘事文本」(narrative text)。所以，敘事的結構可以勾勒如下：

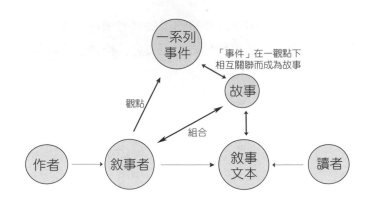

故事是敘事結構中的一個環節，說故事的原始目的是讓聽者知道一系列事件的發生經過，但是敘事者也可能想利用說故事來達成其它目的，如教化、勸誘、說服、指導等等。進而，故事本身也有它自己的內在結構。已知一個故事是透過一個觀點（全知觀點、第一人稱觀點、變動的觀點等等）來組合一系列事件，其中有很多「行為者」，做出許多行為，產生許多互動，從而為相關行為者提供了經驗。敘事者的觀點不僅決定了行為、互動和經驗的色彩，也賦予行為者一定的特徵和性格，使他們轉變成「角色」(character)。角色又可區分為「主角」和「配角」。主角和配角的行為、彼此間的互動、產生的經驗、角色與環境的互動就構成了故事的「情節」。情節必定發生在「設定的環境」下，包括一定的時間、空間、物質與心理「環境」。對「設定的環境」的描述，也是透

過敘事者的觀點來進行。這些項目構成了故事的基本元素，它們彼此間的相互關係構成了故事的結構。

情節包含一系列的事件。在實際出現的次序上，事件當然是根據時間和因果順序而發生。可是，敘事者卻未必依照實際的時間和因果次序來敘述。所以，我們就有「直敘」、「倒敘」、「插敘」、「蒙太奇」（把序列拆成片段再重組）等等敘事手法。

科幻創作做為敘事，擁有故事的整個結構和一切元素，包括各種角色、他們的行為與互動，以及一個未來科技世界的環境。科幻故事與其它故事最大的差異正是「未來科技世界或社會」的環境設定。各種角色與行為和互動的描繪，必須配合這樣一個想像、虛構的特殊環境，從而營造出超乎現實、卻又呼應現實、邏輯性強的科幻創作。

如果說，「未來科技世界的環境」標誌了科幻敘事的獨特性，使它與其它類型的敘事區分出來；那麼，我們可以界定科幻的本質或定義科幻為「人類在未來科技世界的處境」。也就是說，科學與技術塑造或打開了某個未來世界的全新環境（因此「科幻」必須依賴於虛構與想像），此環境限定了人類的可能行為與互動。科幻故事即是在呈現人類於此異世界中的抉擇與反應。

故事的情節是吸引聽眾的要素。情節不能包含所有

事件，否則故事將龐雜蕪蔓、不知所云。所以，作者或敘事者必須從諸多事件中選取相關連貫的事件來構成情節，而正是「主題」使得事件相關與連貫。常見的科幻主題有：戰爭、冒險、恐怖與災難、面對異者、追尋與探索（未知、真實、人性、思想、異維度 (other dimensions)、烏托邦 (Utopia)、終極信仰 (ultimate faith))、預測或反省人類的處境（正面或負面的預言、藉未來反思今日的困境、科技使用的反省)。各種主題均與哲學反思密切相關。

　　科幻故事的情節內容原則上是無限的，可是，迄今的科幻創作所展現的「情節模式」則是有限的。所謂的「情節模式」是指故事主角和人物的互動與遭遇的鋪陳、開展與轉折的基本類型，通常根據一個主題或幾個主題來構思與設想。我們可以將科幻創作的常見情節歸納成下列十種模式：

　　（a）**對科技創造的曖昧心態**：人類試圖創造新事物卻又恐懼新事物，如《科學怪人》；

　　（b）**驚異的冒險旅程**：使用高科技產品而經歷一段冒險犯難的過程，如海萊因的《4=71》；

　　（c）**超越現實的障礙進入新的維度中**（包括外太空、異世界、內心的精神世界等等）：特別著重在不同於現實理解的「異維度」或「異世界」中，人物非比尋常的遭遇，如科幻電影《聯合縮小軍》中的人體世界、又如電

影《無底洞》中的心靈世界；

　　(d) **與異形生物遭遇**: 著墨在遇到過去所不曾遇過的有力或有智慧、善或惡的生物。此類例子太多了，《外星人》、《異形》等等都是；

　　(e) **科學家的角色刻畫**: 創造科技產品的科學家，有什麼性格？ 究竟在什麼情況下產生驚人的創造？ 與其創造物的互動又如何？ 如《科學怪人》、電影《透明人》；

　　(f) **人類創造物或智能機器的角色刻畫**: 有力機器或智能機器乃是人類（科學家）的創造產物，如果它有智能有意識，會怎麼面對自己的角色？ 如艾西莫夫和席維伯格的《正子人》，艾西莫夫的「機器人」系列；

　　(g) **人面對人為創造物或生化機器人**: 生化機器人是當前人類科技最可能在未來創作出的人造產物，他們會如何與人類互動？ 如電影《銀翼殺手》、《A. I. 人工智

交大 SF 網（http://sf.nctu.edu.tw）的查詢系統有另一種主題和情節模式的分類方式。異人（科學怪人、外星人、機械人（robot [ 機器人 ]、android [ 生化人 ]、cyborg [ 合成人 ]）、超人）、冒險（異域探險、星際探險、心靈探險）、異次元、時光旅行、位元空間、人工智慧、生物科技、科技反撲、社會科幻、古文明、虛擬歷史、科幻短篇、其它。

慧》。身為創造者的科學家角色、被創造物的角色以及人類和被創造物的互動，可說是三合一的典型科幻情節；

（h）**超大型城市環境的描繪**：龐大的城市是科技的象徵，如艾西莫夫的《鋼穴》中的地球超大都市、《基地》中的銀河帝國首都川陀；

（i）**烏托邦的追尋與反烏托邦的省思**：最好的社會之憧憬與描繪是烏托邦；想像中的最好社會之幻滅與恐懼則是反烏托邦，此為科幻創作的經典類型，如赫胥黎 (A. Huxley, 1894～1963) 的《美麗新世界》、克拉克的《童年末日》；

（j）**天啟的人類命運或人類終局的描繪**：人類命運之揭示，要不是福音就滅絕，如克拉克的《童年末日》、張草的「滅亡三部曲」。必須強調，這十個項目並未窮盡一切情節模式。

從科幻的本質或定義、科幻的主題和情節模式，我們歸納出創作要成為科幻的基本條件如下：科學、技術、時間上的未來 (future)、空間上的異地 (other place)、創造 (creation) 或創新 (invention)、冒險 (adventure)（科幻總是要創新，要不是創新本身是一種冒險，就是會帶來冒險）。

# 科幻小說與電影的時光之旅

　　現在，讓我扮演導遊，帶領你們進入時光隧道，來
一場科幻之旅——它既是你們的旅遊，也是我自己的。
因為我不再隱身幕後，而是現身臺前，夾敘夾議地述說
著我的觀察、我的評價與我的感受。

　　科幻都是創作。創作都需要媒介。科幻敘事的創作
媒介至今有文字、電影電視、漫畫與動畫和電腦遊戲。
科幻小說 (science fiction novel) 是最早的科幻創作類型，
以文字為表現媒介。也是我最愛的創作類型。科幻電影
和電視劇集 (sf-film) 從二十世紀初誕生，短短一百年不
到，已成為世人認識科幻創作的主要媒介。但是，我想
告訴你，影片其實是指引你朝向和通往小說的路標和橋
樑。科幻漫畫與動畫 (science fiction comics, animated
cartoon) 是另一種通俗普及的圖像創作類型，只有少數
的動漫畫值得一看。電腦遊戲則透過電腦動畫為媒介，
結合遊戲元素，吸引當前青少年的目光，乃是科幻創作
的最年輕的成員，但是，我並不喜歡也不排斥。

　　「時光機器」已經來了，讓我們搭上它，沿著倒流
的時光，回到科幻創作的萌芽期，再順流地流覽科幻小
說的發展，希望能帶給你一趟「驚奇之旅」。

　　一般公認的科幻創作始祖出於十九世紀初，一位十九歲的小女生瑪麗‧雪萊 (Mary Shelley, 1797～1851) 之手。她與天才詩人雪萊私奔，在一次朋友聚會的遊戲中，互相約定各自創作一個「恐怖故事」──《科學怪人》(原書名直譯為《法蘭根斯坦：或現代的普羅米修士》) 就從瑪麗的頭腦中誕生。由於令人恐怖悸顫的力量是科學創造出來的「怪人」，使得《科學怪人》成為現代科幻小說的元祖，經過近兩百年歲月的洗禮，已淬煉成文學經典，衍生了許多學院研究，也創造了「法蘭根斯坦情結」(Frankenstein's complex) 這個著名概念或名詞──意指對科技產物的又愛又恨、既好奇又怕受傷害、既想創造又想毀滅等糾纏曖昧難以解開的心理(又通譯為「科學怪人情結」)。

志文出版社的中譯本書名作《科學怪人──現代的普羅米修斯》。《科學怪人》是現在通行的書名，但我們要注意 "Frankenstein"（法蘭根斯坦）是小說中的科學家之名，他創造了「科學怪人」，他才是「現代普羅米修斯」。普羅米修斯則是希臘盜火神話的主人翁。其中的寓意很明顯：普羅米修斯和法蘭根斯坦都去揭開「禁忌知識」的封印，而遭到無情殘酷的報復。當然，《科學怪人》的情節比盜火神話更為複雜動人。瑪麗‧雪萊生平與小說創作的經過，可見中譯本的介紹。

　　緊接著，你會看到，美國小說家愛倫坡 (E. Allan Poe, 1809～1849) 也開始創作驚悚或恐怖小說，混著科學概念與形上哲學的思辨。在名為《艾洛斯與察米安的會話》的故事中，兩個靈魂在死後相遇，討論地球被彗星撞擊，失去氮氣，而在純氧的環境中引發了全球大火的災難事件。這種科幻驚悚小說的形式，被二十世紀末的小說大家克萊頓 (M. Crichton) 發揚光大，他的作品紛紛被好萊塢改編成電影，賣座奇佳，如膾炙人口的《侏儸紀公園》，還有《剛果》、《時間線》等。

　　你有專注在聽我導覽嗎？

　　十九世紀中葉，歐洲的法國崛起一位科幻史上耀眼的明星凡爾納，他是法國科幻小說的開山祖師，一般論述將他視為「硬科幻」的代表人物，常有技術細節的描繪。凡爾納的小說主題莫不環繞在航行冒險 (voyage) 上，像《乘坐氣球的五星期》、《海底兩萬哩》（有黑白片時代的電影版）、《環遊世界八十天》（有黑白片時代的電

我們還是可以把科幻小說的「元祖」一直上溯到十七世紀、十二三世紀、甚至希臘時代。進階閱讀可看陳瑞麟（2004），〈科幻與哲學的親密關係〉，收於葉李華主編，《科幻研究學術論文集》（交通大學出版社）。

影版，2005 年時，香港知名演員成龍也援用此故事的構思而重拍同名電影，並擔任主角)、《月球旅行記》、《地底遊記》、《神秘島》等等。凡爾納的小說擴大十九世紀末「航行冒險」的空間領域，使冒險不再限於十六世紀「大航海時代」以來的海洋表面，而是把人類帶向無邊的大氣、太空(月球)、深海、甚至地底等「異空間領域」。

　　十九世紀末到二十世紀初，號稱「科幻界的莎士比亞」，英國人威爾斯步入了科幻創作的大舞臺。他開創了現代科幻小說的形式，著作幾乎遍及科幻小說的所有情節模式。一般論述認為他的小說較偏向「軟科幻」，並不著重技術與知識細節。他最著名的創作是《時間機器》，其內容為時間旅行者的驚異旅程，有中譯本。《莫洛博士的島》述說外科手術時代，科學家使用解剖術將動物改造成人，卻無法除去其獸性的故事，也有中譯本，譯名改作《妖獸出沒的島嶼》(今天)。《隱形人》則是一位發明隱身藥物的野心科學家之墮落故事，黑白片時代有電影版的《隱形人》，二十世紀末又有一部《透明人》，實則援用《隱形人》的理念而改編的故事。《兩個世界的戰爭》是一個火星人入侵地球的故事，也有黑白片時代的電影版，而且不斷地重拍，最新的重拍是 2005 年史蒂芬‧史匹柏 (S. Spielberg) 導演的《世界大戰》，由湯姆‧克魯斯主演。

讓我們停下來，歇息一會兒，喘口氣，喝口茶。

1911 年，一位美國雜誌編輯兩果・根斯貝克 (H. Gernsback, 1884～1967) 喜愛結合技術、遠見、未來的羅曼史（romance，故事），在他主編的廣播雜誌《現代電子》(Modern Electrics) 上系列連載了一篇未來的小說。後來，又在其主編的《科學與發明》雜誌上，刊載了一整期的「故事」，稱作「科學虛構專輯」(scientifiction issue)，其中 "scientifiction" 這個字後來又在二〇年代間，由兩果本人改稱為 "science fiction"，「科幻」之名從而確定下來。兩果雖然不是傑出的科幻小說家，但是他在科幻的建立和推廣上有很大的貢獻，以致有人稱他為「科幻之父」，目前美國科幻大獎的「兩果獎」就是出自他的名字。多克・史密斯 (D. Smith, 1890～1965) 則是和兩果合作的早期科幻小說家，他在 1920 年代首度寫出外太空旅行（我們也注意到此時愛因斯坦的相對論已漸漸

克萊頓的小說已被譯成中文的，如《時間線》（皇冠）、《奈米獵殺》（商周）等。克萊頓的小說大致環繞一個意念來發展：資本家或科技樂觀主義者，盲目相信科技力量，妄圖以科技力量去控制那難以控制的事物，從而導致令人悚然的災難事件。

為世人所知)，他之於「空間」的開拓猶如威爾斯之於「時間」。

美國科幻小說教父坎貝爾 (J. W. Campbell，1910～1971) 開始嚴肅地經營科幻小說。他繼雨果之後接掌《驚奇》(Astounding) 這份專業的科幻小說雜誌，除了自己寫科幻，也開始提拔後進，如海萊因、艾西莫夫、史特瓊 (T. Sturgeon, 1918～1985) 等人。從而開啟了科幻小說史上著稱的「黃金五十年代」。

你是否感受到一片金黃色的耀眼燦爛？

公認二十世紀的三位科幻小說大師海萊因、艾西莫夫和克拉克，都崛起於五十年代，他們的作品將其時映照得猶如黃金般明亮輝煌。他們不僅有深厚的科學知識，也都具有相當的哲學思辨能力與興趣，使得他們的創作深度遠遠超越前人，甚至其後的新生代作家也難以望其項背。他們的創作甚多，我們在此只窺視已有中譯本的作品。

安蘭是一位美國作家，寫作《自私的美德》(The Virtue of Selfishness)，提倡人人該盡力追求自己最大的利益，並攻擊「利他主義」(Altruism) 是偽君子的觀點。

　　海萊因的《4＝71》（天下）是一部相對論時代的太空探險故事，《滾石家族遊太空》（天下）則有活靈活現的太空航行細節描繪。兩部創作筆調輕鬆、對話幽默。海萊因的小說常散發菁英主義的味道，評論家認為他是社會達爾文主義者。因為他的小說流露的價值，十分近於安蘭 (Ayn Rand, 1905～1982) 的「自私的美德」。情節常表現出對個人絕對自由的推崇，但卻弔詭地希冀一個有組織的、紀律嚴明的準軍事的社會。他的理想英雄，乃是無懼於適應此類嚴酷又充滿競爭的社會的人們。

　　艾西莫夫是不世出的天才巨匠，我甚至常常「合理懷疑」他會不會是個寫作的正電子機器人？由於艾西莫夫在中文世界的代言人葉李華之努力，他的科幻創作全已譯成中文，但是至今出版得並不完全。艾西莫夫的全

以「機器人」來形容艾西莫夫絕不具有任何貶意。因為在艾西莫夫筆下，機器人的理智能力往往超乎自然人。如《正子人》中的安德魯；「機器人」系列和「基地」後續系列中活了兩萬歲、啟發謝頓的心理史學、一手支配銀河歷史、始終忠心耿耿守護人類全體的丹尼爾。丹尼爾看盡銀河帝國生滅，一手導演基地締造、甚至「後基地」的蓋婭銀河，不正像「導演」銀河全史的艾西莫夫本人？

部創作構成一個兩萬年的「銀河全史」，包括三大系列「基地」、「帝國」和「機器人」。每系列都能引發嚴肅的科學、歷史、社會、人文與哲學議題。「基地」系列共七冊，可分成兩部分：並稱「基地三部曲」的《基地》、《基地與帝國》和《第二基地》；以及後續四冊的《基地前奏》、《基地締造者》、《基地邊緣》和《基地與地球》（奇幻基地）。而「機器人」系列中譯本有《鋼穴》、《裸陽》、《曙光中的機器人》（漢聲）三冊。除此之外，已出版的中譯本還有機器人短篇小說集《我，機器人》（貓頭鷹）以及以中篇小說為基礎由新銳科幻作家席維伯格 (R. Silverberg) 加以擴充的《正子人》、《夜幕低垂》（其科幻情節類型獨一無二，令我頂禮膜拜）和《醜小孩》（天下）三部。艾西莫夫的每部小說，都令我的思潮澎湃不已，你一定要看！

　　我視克拉克 (A. Clarke) 為宇宙終極真實的沉思者。他的小說常常質問人類源自何處？又將往何方？他彷如走在時代前端的西方科學家與冥思的東方智者之揉合，不急不徐地探討人類的起源與終局，在看似平淡的筆觸與情節下，綻放出對科技的具體描寫，也含蘊著東方的神秘思想。克拉克的重要著作並已譯成中文者有《童年末日》、「太空漫遊系列」，包括《2001 太空漫遊》（商務）、《2010 太空漫遊之二》（幼獅）、《2061 太空漫遊之三》

（幼獅）和《3001 太空漫遊終曲》（天下）。

　　黃金五〇年代之後，進入眾聲喧嘩的六、七〇年代，能人輩出。例如擴充艾西莫夫小說的席維伯格，之前已提到的科幻驚悚大家克萊頓，還有著作常被改編成電影的菲立普・狄克 (P. K. Dick, 1928～1982)，以及走向玄幻色彩的勒瑰因 (U. K. Le Guin)（其小說已大量被譯成中文）。但是，我想他們都比不上黃金三大師。

　　八〇年代起，好萊塢的科幻電影開始大量出現。東方則有日本民族喜好透過漫畫與動畫來創作科幻，產生許多傑出作品。九〇年代後，更有大量電腦遊戲問世。科幻走向多媒體的表現方式。

　　也許你對上述相當陌生，你渴望你熟悉的中文創作。

　　現在，讓我們航向華文世界——尤其是香港和臺灣——是否也有值得一談的科幻創作？由於華夏文化的影響與籠罩，以及亟欲強調「東方色彩」或「中國特色」的意識，華文創作的科幻往往添加了武俠——強調人體的超凡能力——的元素。因為「武俠」或「功夫」的確是具有獨特魅力的華夏文化。一些知名的科幻作家如張系國，甚至明白地倡議「科幻武俠」。但是，如果不能深入理解西方科幻精神——尤其體現在「黃金三大師」的創作之中——所謂的「科幻武俠」其實只是武俠卡通版，一點都不科幻。

　　談香港的科幻創作，似乎不能不談倪匡，他的「衛斯理傳奇系列」，常常伴隨著成長期的香港和臺灣青少年。倪匡的創作偏向軟科幻，小說中描述的「科學知識」屢屢有錯，除了少數幾部揉合鄉野傳奇的有趣故事外，倪匡小說的哲學價值並不高。張系國是「臺灣科幻之父」，他的《星雲組曲》為一系列科幻短篇，乃是華文創作中的少數傑作。可惜的是，張系國的「科幻武俠」嘗試「城三部曲」，在我看來，並不是十分成功，其書中的「人類全史」設定，不合邏輯也不合自然主義。

　　港臺的科幻創作者常被「中國文化」的包袱所拖累，在主張科幻創作應該擁有人文和哲學的深度方面，他們是對的；但是，他們認知的「人文」往往就是中國文化，所謂的哲學就是儒道佛。問題是，在一個未來的「科技社會」中，前科技時代的儒道佛思想，究竟會以什麼面目出現？今天的華人社會，又保存了多少純粹的傳統文

「城三部曲」包括《五玉碟》、《龍城飛將》和《一羽毛》。乃是由一篇短篇小說〈銅像城〉（收於《星雲組曲》中）所發展出來的系列長篇小說。在「城三部曲」中，張系國企圖創造一個帶有中國武俠風味、又別具異國、邊疆情調的科幻未來史。

化？在全球化、資訊網路的時代，無時無刻不在支配我
們的思考與生活的這個科技環境，促使其誕生的背後精
神又是什麼？我們是否一定要被「中國」兩個字所束縛？
我並不是在暗示中國文化無法配合科幻世界，而是在談
論中國文化特色的科幻之前，我們有必要先自問：我們
今天的真實生活究竟如何？人際之間如何互動？我們對
世界的真實思想是什麼？文化又是什麼？文化是否也會
不斷地變動？我們真正生活在什麼樣的文化之中？我們
所在之地的文化，未來又將如何發展？

　　科幻創作者，不管出身於何，使用什麼語言，都應
該對於下列事物有更深刻的追究與瞭解：從十七世紀以
來現代科學與現代哲學的密切關係，起於西方的現代科
學四百年來的發展歷史，源自西歐的現代文化對事物與
現象的細膩觀察與描寫的傳統、對事件與劇情的發展規
律和秩序的強烈堅持，以及科學和科幻背後的邏輯與自
然主義的基調。深刻而經典的科幻創作，如同一切文學
經典般，同樣在反省我們當前的現實生活，然而科幻更
可為未來的可能發展籌思謀畫、指引方向，中文科幻創
作要深刻而偉大，不也是需要如此條件嗎？

　　現在，你是否對文字感到疲累？令人興奮的影像來
了。

　　科幻電影利用電影這種表現媒介來敘說一個科幻故

事。由於媒介不同，需要大量金錢人力，並運用「科技」
（不同時代有不同的科技可資運用）來產生特殊效果（特效），從而對觀眾造成驚人的視覺震撼。因此，科幻電影所帶來的娛樂效果，相當不同於小說。然而，大部分電影都是劇情片，需要故事和劇本，名家所著的科幻小說便成為最佳的改編來源——在科幻中，小說仍是電影的靈魂。這也是為什麼我之前要說「影片其實是指引你朝向和通往小說的路標和橋樑」。

　　大多數的經典科幻小說都已改編成電影：如瑪麗·雪萊的《科學怪人》、凡爾納的《海底兩萬哩》、威爾斯的《隱形人》和《時間機器》、艾西莫夫的《夜歸》、《兩百歲人》和《我，機器人》。這些經典著作總是被好萊塢不斷地改編成電影，每當隔一段期間，好萊塢感到影片題材困窘時，就會找不同導演一再地重拍經典舊片。臺灣片商在引進這些影片時，名氣大的經典小說如《科學怪人》、《時間機器》等，就保留片名直譯；但一遇到較不為人知的小說與片名時，就為了賣座而另取匪夷所思的名稱，如鮑爾 (P. Boulle, 1912～1994) 的《猴星》(Monkey Planet) 改編電影《猿星》(Planet of the Apes)，中文片名則稱作《浩劫餘生》(此名仍然典雅，後來重拍的《決戰猩球》則片名與風評一樣不佳)。艾西莫夫的《夜歸》(*Nightfall*) 改編電影居然譯成《新神鬼傳奇》，《兩百

歲人》改編電影片名作《變人》（此為傳神的片名），《我，機器人》改編電影的片名作《機械公敵》。

科幻電影造就了許多美國的賣座導演與大導演。如拍攝出經典科幻電影《奇愛博士》、《2001 太空漫遊》和《發條橘子》的庫柏力克 (S. Kubrick)。創造出冷調、陰濕、悽楚風格的經典科幻《銀翼殺手》的雷利・史考特 (R. Scott)。有史以來最賣座的系列電影《星際大戰》的盧卡斯 (G. Lucas)。還有拍出每部都叫好叫座的《外星人》、《回到未來》系列、《侏儸紀公園》、《A. I. 人工智慧》、《關鍵報告》的史蒂芬・史匹柏 (S. Spielberg)。也許你也知道保羅・范赫文 (P. Verhoeven) 的《魔鬼總動員》，柯麥隆 (J. Cameron) 的《魔鬼終結者》、《星艦戰將》，大衛・柯能伯格 (D. Cronenberg) 的《變蠅人》和華卓斯基兄弟的《駭客任務》系列，它們都是提供豐富與驚異的視覺饗宴之科幻電影。拍部科幻影片似乎成為好萊塢導演證明自己身價的紋章，連華裔知名導演李安也拍了漫

《新神鬼傳奇》是個莫名其妙的影片片名，是臺灣片商迷信「神鬼」、「魔鬼」、「終極」一類的片名之下的產物。更甚的是本片也扭曲、庸俗化了原著故事。《機械公敵》也是一部扭曲了原著精神的影片。

畫改編的《綠巨人浩克》。或許是為了賣座與娛樂的雙重考量，大多數好萊塢片子都是大場面、大爆破的科幻戰爭、科幻災難或科幻英雄類型的片子。不過，你還是可以看到《驚異大奇航》、《外星人》、《回到未來》和《領航員》一類較溫馨的小品科幻電影。

法國有其科幻小說的祖師爺（凡爾納），也有其自成一格的科幻電影，與好萊塢不同，通常加入較深沉的人文省思，帶給人一種沉重、壓抑的觀影經驗。如法國新浪潮大師楚浮 (F. Truffaut, 1932~1984) 的《華氏 451 度》、高達 (J. L. Godard) 的《阿爾伐城》。你可能不熟悉他們，不過我相信你知道近年崛起的盧貝松 (L. Besson)，他走好萊塢商業路線，導演了一些節奏明快的科幻電影如《第五元素》和《終極殺陣》系列（比較沒那麼「科幻」）。

如果你仍童心未泯，你會期待動畫與漫畫。但是，我不覺得你會花很多時間來看介紹動畫或漫畫的文字。你大概想，與其看「枯燥」的文字，不如去看有趣的漫畫和動畫。

漫畫和動畫不像影片般以真人表演來敘說故事，它是由漫畫家和動畫家以圖畫（手繪或電腦繪圖）來敘說故事的創作。美國是生產科幻影片的大國；動漫畫的生產大國頭銜不能不歸於日本。就我所接觸，也唯有日本

才產生了真正大師級的動漫畫家和創作——我指的是手塚治虫和宮崎駿兩位。手塚治虫專注於漫畫而宮崎駿以動畫聞名。不過，前者的漫畫一再地被改編成動畫；而後者也涉足出版過紙本漫畫。手塚治虫畫過許多膾炙人口的漫畫，但是，令我印象最深刻、含有科幻故事、位列經典級的唯《火之鳥》；宮崎駿的《風之谷》漫畫版全七冊，同樣也是我推崇備至的經典級科幻漫畫。除此之外，木城幸人的《銃夢》以及作家田中芳樹的小說《銀河英雄傳說》改編而成的同名漫畫，也值得在此一提。

至於以銀幕或螢光幕播放的動畫，大家都熟知宮崎駿膾炙人口的《風之谷》和《天空之城》屬於科幻動畫行列。熟悉日本動畫的讀者，也會提名大友克洋的《阿基拉》，以及啟發《駭客任務》的《攻殼機動隊》等。或許你也會想到「五六年級」童年回憶的《科學小飛俠》、《無敵鐵金鋼》、《宇宙戰艦》、《鋼彈》等「戰鬥變身機器人」一類的兒童卡通。可惜它們通常有濃厚的軍國主義思想，並揉合西方的機器拜物教 (mechanical fetishism) 和中國傳統的「人體特異功能」思維（以機器人來表現武打招式）。

我的導覽到此告一段落。你所看的，只是整個科幻世界的一個微小區域。可是，我只能做到這兒，更廣大無邊的世界，需要你自己動身前去探測！

## 怎麼評價科幻創作的好壞？

不是世界上所有的東西都值得去體驗，科幻世界中也不是所有的創作都值得花費時間。問題是我們要怎麼樣才能知道哪些科幻創作是值得？哪些則不值得？我們需要科幻創作的評價。

評價有兩種，欣賞的評價與研究的評價。前者來自於欣賞的態度而做出好壞的判斷，傾向於主觀性、品味性的，就好像有人覺得臭豆腐好吃，有人覺得林志玲很美，所以也會有人覺得倪匡的科幻小說很好看。可是，研究的評價就不只是純欣賞，而是要投入工夫，尋求更客觀、更深入、更周全、更具啟迪性的評價。不過，我們要強調，欣賞可以毋需研究，研究卻總包含了欣賞。這也意味說，雖然我們希望能在研究後尋求更客觀的評價，但是並不代表我們可以完全排除主觀和品味的影響。我們只希望，我們的研究評價能跨出個人的品味，得到更多人深思後的贊同。

正如我們有幾種不同的欣賞方式，我們也有不同的研究方向。

（a）挖掘科幻創作裏的種種共通的「模式」或「規則」：包括主題、情節、寫作色彩、科幻創作史、應用的

科學思想、不同科幻創作類型和表現媒介的關係與比較
（如科幻小說和科幻電影之間的改編）等等。

（b）**文藝性的發掘：** 從文學藝術的角度，深入考察
科幻創作的文學性與藝術性、比較科幻創作與其它文學
類型、隱喻象徵和寓言的揭示與比較等等。

（c）**文化差異性的比較：** 不同文化所產生的科幻，
莫不反映其自身的文化特色，如何從科幻創作中瞭解其
文化背景？是否可進一步從事文化差異的比較？

（d）**科學思想、科學史與科技社會角度的探究（即
一種「科技與社會」(STS) 式的研究）：** 科幻創作如何應
用「科學」、「技術」和「偽科學」的知識？如何將科學
知識融入創作情節中？其應用與融入的合理性如何？使
用太多的「偽科學」術語或概念的科幻創作仍算是科幻
嗎？如何才算是對未來科技發展的合理預言？

（e）**哲學思想與科哲角度的探討：** 科幻裏有哪些的
哲學思想元素？科幻創作這種表現類型和哲學有什麼一
般性關係？科幻裏的科學哲學（如艾西莫夫的創作）如
何呈現？

上述諸種研究方向，莫不是要具備充分的背景知識，
或文藝批評、或文化研究、或科學史與科技社會研究、
或哲學。因此，研究科幻的同時，我們也雙向地或多向
來回在相關領域中，互相參照、互相啟迪而得到雙重或

多重的效益。

　　那麼，該怎麼從事科幻的研究評價呢？

　　已知科幻皆為敘事。我們可以從敘事是否能妥善地達成其目的來建立評價指標。敘事的核心目的在於「說故事」，如何把一個故事說得好？至少涉及「表達的媒介」、「表現的內容」和「打動人心的能力」三個面向。

　　科幻小說以文字為表現媒介，其創作性質乃是文學的一種。故它有一般性的文學評價指標：如語言文字的驅遣運用是否優美、流暢、新奇、具創意？故事情節的安排是否引人入勝？內容與結構是否完整？場景的銜接是否恰當？主題和核心思想是否能與故事形式融合？作者的寫作技巧如何？他對於布局、伏筆、對話、景物、主支線交錯、象徵與隱喻的運用功力如何？小說表現出何種風格？是否獨樹一幟？是否不落俗套？風格是否統一？小說對人物性格的描繪是否生動？作者是否能創造出鮮活而令人印象深刻的人物？小說對人類處境的洞見力如何？它又如何反映出某時某地某些人的境遇？然而，基於科幻小說的特殊性——即科學元素——所以，也有其專屬的評價指標：它能告訴我們人與技術之間的某種不為人知的關係嗎？它能為我開啟一扇視窗，讓我瞧見一個我所不懂的科學領域嗎？它能超越我的思考與想像力之界限嗎？能啟發我的思想朝向嶄新的方向發展嗎？

它是否能為人類提議另一種未來？它是否能透過對未來的描繪，而反省今日的事件與趨向？它是否能為我們提供一個異地的、全新的、看待世界的觀點？它對當時已知的科學知識之運用是否合理恰當（這必須涉及科幻小說創作時的科學史知識）?它是否預言了未來科技的可能發展？對人類處境將造成什麼樣的衝擊？人類該如何面對？如果我們對於上述問題都能給予一個完整而恰當的答覆，我們就是在作出一個深入的評價了。

科幻電影當然也有屬於電影的一般性評價指標：劇本（故事）能否打動人心？鏡頭與畫面的布局（畫面的安排、場景的布置、色調的配合）如何？剪輯和銜接的功力（跳躍式剪接的蒙太奇手法、重心與伏線、影像象徵的安排等等）如何？演員的演出表現與說服力（即演員的演技）又如何？配樂是否精彩？（配樂與影像和劇情的搭配是否令人感到貼切?)導演的整體調度與風格又如何？可以說上述都基於導演的個人功力。就它做為「科幻創作」這特殊面而言，上述科幻小說的評價指標，也全部可適用於科幻電影上，因為電影的內容也在於「敘說一個科幻故事」。除此之外，我們還可以進一步考慮「特效」的設計與創造、科幻影像的神奇與壯觀等等。

## 哲學與科幻創作

　　我們終於來到哲學與科幻創作的關係。我曾在〈科
幻與哲學的親密關係〉一文中討論了哲學與科幻的四點
「親密關係」：一、科幻和哲學共享相同的邏輯或敘述結
構；二、大部分的科幻主題與形上學主題多所重疊，科
幻創作試圖探討的議題，都可以成為嚴肅哲學的議題；
三、形上學與自然哲學史擁有一個「科幻思維」的傳統；
四、好的科幻創作必然是具有哲學性、探討性的創作。
在本節中，我想補充二點並重複一小部分：哲學訓練可
以幫助科幻創意的訓練；哲學理論可以成為科幻題材與
內容的靈感；哲學議題與科幻結構的關係。

　　艾西莫夫在談論他的科幻創意時，羅列了五大要素：
博學並組合各種資訊（聯想、綜合）、分析其意義（分析、
釐清）、直覺（非推論的、靈感、點子）、勇氣（把你的
點子付諸實踐，敢於與人不同）、運氣（際遇、改善環境、
抓住靈感）。無疑地，哲學訓練至少對前四項都有相當的
助力：(1)哲學不強調學門界限，鼓勵人們廣泛接觸；(2)
哲學的思考訓練即是聯想、分析、綜合、建構、類比等
等；(3)哲學理論內容常為科幻題材或主題提供靈感，哲
學的思考訓練亦能強化直覺；(4)哲學鼓勵人們挑戰既成

理論、習慣和體制，使人們「認識自己」，產生「敢於與眾不同」的勇氣。

哲學理論常常是科幻創作的靈感來源。一般而言，哲學有四個基本學科：邏輯、形上學、知識論、倫理學。這四個基本哲學學科常成為科幻小說的靈感主軸。在此僅以「邏輯」為例。最著名的邏輯靈感主軸是艾西莫夫的「機器人三大法則」：

⑴機器人不得傷害人類，亦不得坐視人類受到傷害。

⑵在不違反第一法則之下，機器人必須服從人類命令。

⑶在不違反第一和第二法則之下，機器人必須保護自己。

這三大法則彼此間的邏輯關聯，以及應用到實際上的邏輯和語意漏洞，讓艾西莫夫變化出許多機器人的短篇故事。令我印象深刻的是，臺灣科幻作家許順鏜一篇〈哈姆雷特的平等危機〉(《幻象》創刊號，頁 176～186)，利用邏輯來製造高潮，並神龍擺尾地反諷政治。

至於哲學議題與科幻結構的關係，則可以被重建成下列三大架構：

(1)時間向度上的三大根本問題：沿著時間的「過去」、「現在」和「未來」三個時間向度，我們可以引發針對「自我」和針對「人類」的三大問題，這三大問題同時對應了「記憶」（歷史）、「自我意識」（人性）、「期望」（科技）三個雙元項目，這些項目往往是科幻的常見主題，也只有科幻才能最恰當地處理並融合這三大向度。

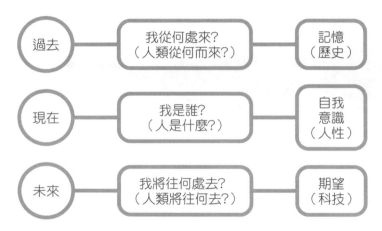

「我從何處來」問的是個人的記憶，而「人類從何而來」則在問人類的集體歷史、甚至生命、地球的歷史；「我是誰」問的是此時此刻的自我意識，以及我在集體（人類社會）和歷史中的定位，「人是什麼」則問人性、反思人性；「我將往何處去」問我自己對未來的期望，而此時此刻問「人類將往何處去」無疑要看科技的發展來解答。

(2)**人性的三向度:** 哲學會探討人性(人自身和他人,一種倫理態度)、超越人性(宗教向度)與劣於人性(至少就人類自己的眼光看來,因此人類傾向以工具和支配的態度來面對它們)。科幻的情節架構也常建立在這三向度上。

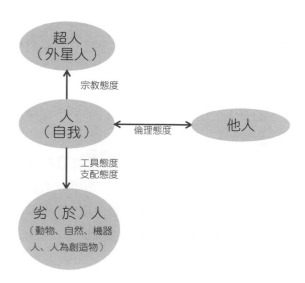

以相對論的視野來看待,外星人能來到地球,他們的科技能力無疑在人類之上。因此,人類對待外星人可能處在「人與超人」或「劣人與人」之間的關係上:在前一組關係中,外星人無疑是超人;在後一組關係中,人類成為「劣於(外星)人」(好萊塢則喜歡以人居於劣勢位

置而努力反抗外星人終於獲勝來編造劇情)。科技改變了
人與人之間的關係，它會帶來什麼新倫理呢？這是哲學
與科幻都共同關注與著墨的重要議題。最後人們會自然
地把「劣於人」的位置賦予人為創造物，可是如果人為
創造物的能力竟然超越於人，那又該如何？這也是一個
常見的科幻情節。

(3)**心－物關係**：哲學與科幻的心物關係可表為如下
問題。其中前者是哲學議題，括號中代表「科幻」的「如
果……那麼將會……」公式。

a.心靈和身體有什麼樣的關係?(如果心靈可以超脫
身體?)

b.物質如何產生機器心智？（如果物質可以產生心
智?)

c.人類心靈和機器心靈是同類的嗎？（如果是同類
的，人類會如何對待機器心智?)

d.身體（生命）和物質（無生命）有界線嗎？（如果
物質可以建造身體?)

e.心靈可能不透過身體直接作用在物質上嗎?(如果
可以的話呢?)

f.身體可能和機器心智（電腦）結合嗎？（如果可以
的話呢?)

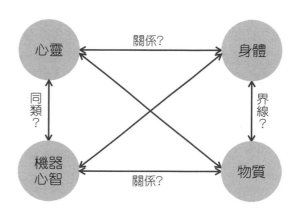

人的心靈是否能超離身體？如果物質能產生心智，換言
之，一個有意識的機器人誕生了，社會會有什麼巨大變
革？人類又會怎麼看待機器心智？生命最終只是物質嗎？
那麼意義與價值來自何方？心靈若能直接作用在物質上
時，能否與電腦結合？又物質大腦能否與電腦結合？這
些都是當前的哲學議題，同時也是科幻中常見的情節主
題。

## 尾聲

你是否滿意於這趟科幻世界的哲學之旅？

如果你喜歡科幻，你一定要接觸哲學，它可以幫助

你開啟更廣大的科幻視野；如果你喜歡哲學，你也要接觸科幻，它可以帶給你生動的想像與思維的啟發。

你已準備好要更深入這個未來世界了嗎？

附錄

# 科幻創作的中英文名對照

凡爾納（Jules Verne, 1828～1905）

《月球旅行記》（*From the Earth to the Moon*）

《地底遊記》（*A Journey to the Center of the Earth*）

《乘坐氣球的五星期》（*Five Weeks in a Balloon*）

《海底兩萬哩》（*Twenty Thousand Leagues under the Sea*）

《神秘島》（*The Mysterious Island*）

《環遊世界八十天》（*Around the World in Eighty Days*）


田中芳樹（Yushiki, Tanaka, 1952～　）

《銀河英雄傳說》（*The Legend of the Galactic Hero*）


艾可（Umberto Eco, 1932～　）

《昨日之島》（*Isola del Giorno Prima*）


艾西莫夫（Isaac Asimov, 1920～1992）

《正子人》(*The Positronic Man*); 由席維伯格擴充《兩百歲人》
　　而形成的長篇小說。

《我，機器人》(*I, Robot*)

《兩百歲人》(*The Bicentennial Man*)

《夜歸》(*Nightfall*);《夜幕低垂》(*Nightfall*) 為席維伯格擴充
　　艾西莫夫《夜歸》而成的長篇小說。

《基地》(*Foundation*)

《基地與帝國》(*Foundation and Empire*)

《第二基地》(*Second Foundation*)

《基地締造者》(*Forward the Foundation*)

《基地邊緣》(*Foundation's Edge*)

《裸陽》(*The Naked Sun*)

《鋼穴》(*The Caves of Steel*)

《曙光中的機器人》(*The Robots in the Dawn*)

《醜小孩》(*The Ugly Little Boy*)


克拉克 (Arthur C. Clarke, 1917~　 )

《2001 太空漫遊》(*2001: A Space Odyssey*)

《2010 太空漫遊之二》(*2010: Odyssey Two*)

《2061 太空漫遊之三》(*2061: Odyssey Three*)

《3001 太空漫遊終曲》(*3001: The Final Odyssey*)

《童年末日》(*Childhood's End*)

克萊頓（Michael Crichton, 1942～　）

《侏儸紀公園》（*Jurassic Park*）

《奈米獵殺》（*Prey*）

《剛果》（*Congo*）

《時間線》（*Timeline*）


威爾斯（H. G. Wells, 1866～1956）

《兩個世界的戰爭》（*The War of the Worlds*）

《時間機器》（*The Time Machine*）

《莫洛博士的島》（*The Island of Dr. Moreau*）；中譯書名作《妖
　　獸出沒的島嶼》。

《隱形人》（*The Invisible Man*）


海萊因（Robert A. Heinlein, 1907～1988）

《4=71》（*Time for the Stars*）

《滾石家族遊太空》（*The Rolling Stones*）


雪萊（Mary Shelley, 1797～1851）

《科學怪人》，即《法蘭根斯坦：或現代的普羅米修士》
（*Frankenstein, or The Modern Prometheus*）

**凱斯**（Daniel Keyes, 1927～　）

《二十四個比利》（*The Minds of Billy Milligan*）

《比利戰爭》（*The Milligan Wars*）

**愛倫坡**（Edgar Allan Poe, 1809～1849）

《艾洛斯與察米安的會話》（*The Conversation of Eiros and Charmion*）

**赫胥黎**（Aldous Huxley, 1894～1963）

《美麗新世界》（*Brave New World*）

**鮑爾**（Pierre Boulle, 1912～1994）

《猴星》（*Monkey Planet*）

**電影**

**史匹柏**（Steven Spielberg, 1947～　）

《A. I. 人工智慧》（Artificial Intelligence）

《外星人》（E. T.）

《世界大戰》（War of the Worlds）；改編自威爾斯的小說《兩個

世界的戰爭》。

《回到未來》系列（Back to the Future）

《侏儸紀公園》（Jurassic Park）

《關鍵報告》（The Minority Report）；由狄克（Philip K. Dick, 1928～1982）的小說改編，涉及「科學預測」的倫理性問題——科學能預測人的犯罪嗎？犯罪有其基因的基礎嗎？

**史考特**（Ridley Scott, 1937～　）

《異形》（Alien）

《銀翼殺手》（Blade Runner）；改編自狄克的小說〈生化人夢見電子羊嗎?〉（Do Androids Dream of Electric Sheep?）。

《機械公敵》（I, Robot）；由艾西莫夫的小說《我，機器人》而加以改編，但並未忠於原著精神。

**尼可**（Andrew Niccol, 1964～　）

《千鈞一髮》（Gattaca），只以 VCD 發行。

**弗萊雪**（Richard Fleischer, 1916～ 2006）

《驚異大奇航》（Fantastic Voyage）；1966 年影片，中文片名又稱作《聯合縮小軍》。後來艾西莫夫以影片劇本為基礎，也寫了一本《驚異大奇航》的同名科幻小說。

## 李安
《綠巨人浩克》（Hulk）

## 柯能伯格（David Cronenberg, 1943～　）
《變蠅人》（The Fly）

## 柯麥隆（James Cameron, 1954～　）
《無底洞》（The Abyss）
《星艦戰將》（Starship Troopers）
《魔鬼終結者》（Terminator）

## 范赫文（Paul Verhoeven, 1938～　）
《透明人》（The Hollow Man）；改編自威爾斯的小說《隱形人》。
《魔鬼總動員》（Total Recall）；改編自狄克的小說《我們能為你
整批記住》（*We can remember it for You Wholesale*）。

## 哥倫布（Chris Columbus, 1958～　）
《變人》（Bicentennial Man）；改編自艾西莫夫的小說《兩百歲人》。

## 庫柏力克（Stanley Kubrick, 1928～1999）
《2001 太空漫遊》（2001: A Space Odyssey）；克拉克與庫柏力克
合作的經典小說和電影，兩者同時誕生。

《奇愛博士》（Dr. Strange Love）

《發條橘子》（A Clockwork Orange）; 由安東尼‧伯吉斯（Anthony
Burgess, 1917～1993）的同名小說改編。談「心理制約」
的功能，對六十年代行為學派的批判。屬於「反烏托邦」的
小說。

高達（Jean-Luc Godard, 1930～　）
《阿爾伐城》（Alphaville）

華卓斯基兄弟（Larry Wachowski, 1965～　／
Andy Wachowski, 1967～　）
《駭客任務》系列（The Matrix）

楚浮（Francois Truffaut, 1932～1984）
《華氏 451 度》（Fahrenheit 451）

盧卡斯（George Lucas, 1944～　）
《星際大戰》（Star Wars）

盧貝松（Luc Besson, 1959～　）
《終極殺陣》系列（Taxi Series）
《第五元素》（The Fifth Element）

## 動漫畫

**大友克洋**（Katsuhiro Otomo, 1954～　）
《阿基拉》（Akira）

**手塚治虫**（Tezuka Osamu, 1928～1989）
《火之鳥》（*Hinotori*）

**木城幸人**（Yukito Kishiro, 1967～　）
《銃夢》（*Last Order*）

**押井守**（Mamoru Oshir, 1951～　）
《攻殼機動隊》（*Ghost in the Shell*）；改編自漫畫家士郎正宗
　　（Masamune Shirow, 1961～　）的同名漫畫。

**宮崎駿**（Hiyao Miyazaki, 1941～　）
《天空之城》（*Castle in the Sky*）
《風之谷》（*Warriors of the Wind*）
＊《龍貓》、《魔女宅急便》、《魔法公主》、《神隱少女》和《霍爾
的移動城堡》則具有強烈奇幻色彩，不能列入科幻行列。

# 進階閱讀

王文方著,《這是個什麼樣的世界?》( 台北: 三民書局 )
林正弘主編,《想一想哲學問題》( 台北: 三民書局 )
陳瑞麟著,《科學與世界之間》( 台北: 學富出版社 )
陳瑞麟著,《邏輯與思考》第二版 ( 台北: 學富出版社 )
彭孟堯著,《人心難測》( 台北: 三民書局 )
葉李華主編,《科幻研究學術論文集》( 新竹: 交通大學出版社 )

Damon, Knight （ed.）（1962）, *A Century of Science Fiction* （New York: A Dell Book）

Dubeck, L., Moshier, S. & Boss, J. （1994）, *Fantastic Voyages: Learning Science through Science Fiction Films* （New York: AIP Press）

James, Edward & Mendlesohn, Farah (eds. )（2003）, *The Cambridge Companion to Science Fiction* （Cambridge: Cambridge University）

Kuhn, A. （1999）, *Alien Zone II* （London: Verso Press）

R. Scholes & Eric S. Rabkin （1978）, *Science Fiction: History, Science, Vision* （London: Oxford Uni. Press）

Warrick, P., Greenberg, M. & Olander, J. （eds.）（1978）, *Science Fiction: Contemporary Mythology* （New York: Haper & Row, Publishers）

## ◎想一想哲學問題

林正弘／主編

常常，我們碰到一些難有定論的問題，這些問題雖然無法用常識的、科學的或類似數學的嚴格證明來解答，卻與我們所關心的人事物息息相關？沒錯，這些正是哲學問題。本書藉由15個日常生活中的困惑，引發您對哲學探究的興趣，希望與您共度美好、恬靜的沉思時光。

## ◎西洋哲學史話（增訂二版）

鄔昆如／著

「哲學」究竟是什麼？源自古希臘的西洋哲學，經過漫長而沉潛的累積和精練，如今又以何種面貌省思著人生、社會與世界呢？哲學家以銳利獨到的眼光剖析時代的癥結，企圖提出解答、指引新方向。回顧哲學的歷史發展，俾能使人更清楚地認識自身的立場與可能的價值。